EINE KULINARISCHE ENTDECKUNGSREISE
durch Taunus, Wetterau und Vogelsberg

Silke Martin
Ernst Wrba

EINE KULINARISCHE ENTDECKUNGSREISE

durch Taunus, Wetterau und Vogelsberg

MIT DEN BESTEN REZEPTEN AUS DER REGION

Inhalt

Übersichtskarte	8
Vorwort	10

DER TAUNUS – EINZIGARTIGE NATUR-KULTUR-LANDSCHAFT — 12

Landgasthof Rote Mühle	16
Schlosshotel Kronberg	18
Restaurant Bürgelstollen	22
Heller Pralinen	24
Das Tortenatelier	26
Hofgut Kronenhof	28
Konditorei Weege am Europakreisel	30
Landsteiner Mühle	32
Landgasthof Eschbacher Katz	34

REZEPTE AUS DER REGION — 36
Tafelspitz mit Frankfurter Grüner Soße
Tatar vom Taunushirsch mit Schwarzwurzelcreme
Bayrisch-Creme-Torte mit Himbeeren
Passionsfrucht-Törtchen
Handkäse-Salat
Schokoladentarte
Hutzel-Reh mit Kartoffelroulade
Kaninchenrücken mit Kürbis-Rosmarinrisotto

DIE WETTERAU – KULTURLANDSCHAFT ZWISCHEN NATUR UND HISTORIE — 40

Confiserie Odenkirchen	44
hot and cold – finest catering	46
Metzgerei Michel-Weitzel	48
Weidmann & Groh Edelobstbrennerei	50
Schelmenhäuser Hofgut	52
Wetterauer Obstbrennerei	54
Restaurant Zafferano	56
Restaurant Schnittlik	58
Gasthaus Zur Krone	60
Restaurant Landhaus Knusperhäuschen	62
Restaurant Zum Heiligen Stein	64
Vinexus Weinversand	66
Restaurant Chin-Thai	68

REZEPTE AUS DER REGION — 70
Rosentrüffel
Jakobsmuscheln mit Essig-Feldfrüchten
Partyschinken & Krautsalat
Spinat-Semmelknödel auf Pilzragout
Skreifilet im Kateifiteigmantel
Lammkeule mit Semmelknödel
Hirsch-Entrecotes mit Markkruste
Schokoladen-Dôme

ENTDECKUNGSTOUR ENTLANG DER LAHN ... — 74

Käserei Heinrich Birkenstock — 78

Restaurant Belli's Bootshaus — 80

Konditorei Vogel — 82

Clubhaus 19 — 86

Hotel Lahnschleife — 88

Restaurant & Hotel Bartmann's Haus — 90

Restaurant Edlunds — 94

Konditorei & Terrassencafé Vetter — 96

Gaststätte & Gästehaus Balzer — 98

Restaurant Kleines Häusers — 100

🍴 REZEPTE AUS DER REGION — 102
Zimt-Mohn-Parfait
Thunfisch mit Gemüse und Kartoffeln
Kalbsbäckchen in Hagebuttensauce
Schweinebauch & Felsenoktopus auf Erbsenpüree
Inlagd sill
Torte im Glas
Mando-Krestje
Variation vom hessischen Weiderind

DER VOGELSBERG – EIN VULKAN HAT'S IN SICH — 106

Landgasthaus Waldschenke — 110

Restaurant Taufsteinhütte — 112

Café Zeitlos — 114

Landgasthof Kupferschmiede — 116

Landgasthaus Zur Birke — 118

Zuckerbäcker Haas — 120

SO SCHMECKT DER VOGELSBERG ... — 124

Kur- und Touristikinfo Bad Salzhausen — 126

Kurhaushotel Bad Salzhausen — 128

Görnerts Restaurant — 130

Restaurant Baumhaus — 132

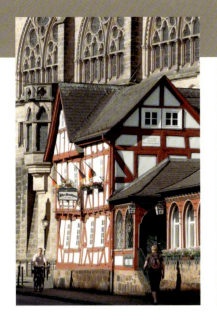

REZEPTE AUS DER REGION — 134

Rotbarbe auf Bärlauch-Nudeln
Sauerbraten vom Reh in Borettane-Kirschsauce
Gefüllte Lammbrust mit Vogelsberger Spitzbuben
Kotelett „natur" mit Bratkartoffeln
Schottentorte
Red Snapper auf Rote-Bete-Kartoffelpüree
Seeteufel mit Orangen-Gemüse-Couscous
Badischer Wok

SPRUNG IN DIE GESCHICHTE: DIE KELTEN IM VOGELSBERG — 138

Vulkanstadt Gedern — 140

SchlossHOTEL Gedern — 144

Feinschmeckerlokal Dachsbau — 148

Landgasthaus Jägerhof — 150

Metzgerei Wilhelm Becker — 154

Landhotel Gärtner — 156

Hotel Herbstein — 158

REZEPTE AUS DER REGION — 160

Maracuja-Mousse-Schnitte
Lachstatar & Jakobsmuschel zu Sushi-Reis
Vogelsberger Beutelches
Vogelsberger Deckelchen
Kartoffelwurst mit Dämpfkraut
Vogelsberger Handkäse-Variation
Rumpsteak mit Grilltomate
Fiskgryta

Alles auf einen Blick — 164

Rezeptverzeichnis — 167

Impressum — 168

Taunus – Wetterau – Vogelsberg

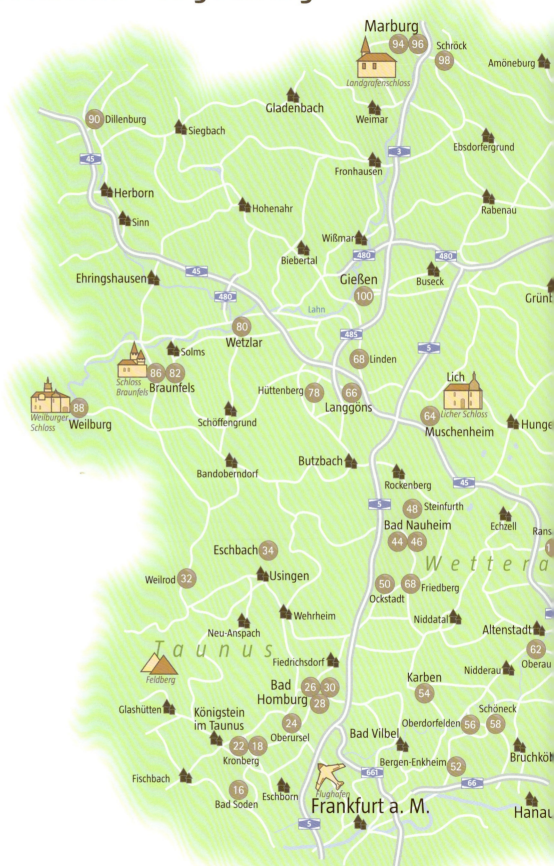

Die Zahlen ⑮ sind identisch mit den Seitenzahlen der einzelnen Betriebe in diesem Buch und bezeichnen ihre Lage in der Region.

Burg Friedberg

Vorwort

Taunus, Wetterau, Vogelsberg – drei Regionen mit vielen Gemeinsamkeiten, aber auch reizvollen Unterschieden, die zu erkunden sich wahrlich lohnt. Drei jahrtausendealte Kulturlandschaften, die mit einer wechselvollen Geschichte aufwarten können und noch heute mit ihren Burgen, Schlössern und pittoresken Fachwerkstädtchen einen lebendigen Blick zurück in die Vergangenheit gewähren. Drei beeindruckende Landstriche mit Gipfeln, die atemberaubende Fernblicke erlauben, gemächlich dahinziehenden Flüssen, die sich durch saftige Wiesen winden, tiefen, märchenhaften Wäldern und einer einzigartigen Vulkanlandschaft, deren längst versiegte Lavaströme faszinierende Naturdenkmäler hinterließen.

Und nicht zuletzt drei kulinarisch höchst interessante Regionen mit vielen köstlichen Gaben, welche die einfache, traditionsreiche Landküche ebenso genussreich bedienen können wie die gehobene Gourmetvariation. Ob Obst und Gemüse aus der Wetterau, Lamm aus dem Vogelsberg oder Wild aus den Taunuswäldern: Die Natur zeigt sich hierzulande äußerst freigiebig und die Menschen verstehen dieses Geschenk auf vielfältige Weise zu nutzen.

Wir laden Sie ein, uns zu begleiten durch den wald- und burgenreichen Taunus, die fruchtbare Wetterau, das idyllische Lahntal und schließlich hinauf auf die vulkanischen Höhen des Vogelsbergs. Hier warten zum Beispiel die Vogelsberger Nationalgerichte Spitzbuben, Beutelches und Deckelchen, Edelkrebse und Forellen, Handkäse in vielerlei Variation, ein feiner Lagen-Apfelwein von hessischen Streuobstwiesen und natürlich die Frankfurter Grüne Soße, die schon Goethe so liebte …

Wir nehmen Sie mit in urgemütliche Landgasthäuser und anspruchsvolle Gourmet-Restaurants, heimelige Cafés, traditionsreiche Familienunternehmen und prachtvolle Schlosshotels. Kurz: zu den Menschen, die diese Regionen kulinarisch erlebbar machen und Ihnen gerne ihre Heimat auf vielfältige Weise präsentieren.

Viel Spaß beim Reisen und Genießen wünschen Ihnen

Blick vom Feldberg Richtung Norden

Eschbacher Klippen

Burgruine Königstein

Der Taunus – einzigartige Natur-Kultur-Landschaft

Der berühmte Naturforscher Alexander von Humboldt bezeichnete den Taunus als „schönstes Mittelgebirge der Welt". Johann Wolfgang von Goethe war fasziniert von „dem Gebirge, das von Kindheit auf so fern und ernsthaft vor mir gestanden hatte". Und auch dem stressgeplagten Großstädter des 21. Jahrhunderts hat der Taunus mit seinen tiefdunklen Wäldern, dem mit 880 Metern Höhe über allem thronenden Feldberg, märchenhaften Burgruinen und pittoresken Fachwerkstädtchen viele schöne Seiten zu bieten.

Ein ausgedehntes Wander- und Radwegenetz durchzieht die Region, die gleich drei Naturparks – Hochtaunus, Nassau und Rhein-Taunus – vorzuweisen und auch so manch unerwartetes Highlight zu bieten hat, beispielsweise die Eschbacher Klippen bei Usingen, eine zwölf Meter hohe Quarzfelswand, die spektakulär aus der sanften Waldlandschaft herausragt.

Neben der Natur kommt auch die Kultur nicht zu kurz. Der Taunus ist seit Jahrtausenden besiedelt, wie Funde aus der Jungsteinzeit, der Bronze- und der Eisenzeit belegen. Die bedeutendsten Spuren hinterließen unbestritten die Römer, die hier zur Sicherung ihres Territoriums einen Streckenabschnitt des 550 Kilometer langen Obergermanisch-Rätischen Limes (seit 2005 UNESCO Weltkulturerbestätte) entlangführten, der vom heutigen Bad Schwalbach kommend über den Taunuskamm weiter in Richtung Wetterau verlief. Vor allem das Kohortenkastell Saalburg bei Bad Homburg ist ein wahres Schatzkästchen des Altertums und präsentiert in seinem weitläufigen Archäologischen Park zum Beispiel das Wohnhaus des Kommandanten, Mannschaftsunterkünfte, Badehaus, Getreidespeicher, Herberge und vieles mehr. So gestattet das besterforschte und am vollständigsten rekonstruierte Römerkastell des Obergermanisch-Rätischen Limes einen faszinierenden Eindruck vom Alltag der Soldaten vor 2 000 Jahren.

Kriege und Stammesfehden hat es noch viele Jahrhunderte später gegeben: Auch die Menschen des Mittelalters bedurften des Schutzes vor Feinden. Davon zeugt die reiche Burgenlandschaft im Taunus. Jeweils nur wenige Kilometer Luftlinie voneinander entfernt, finden sich etwa in Königstein, Kronberg und Falkenstein, Eppstein und Oberreifenberg die Reste einstmals stolzer Rittersitze, die von Krieg und Frieden, Eroberung und Niederlage berichten.

Altstadt Oberursel

Altes Rathaus Oberursel

Die Felsenburg von Kronberg hoch oben auf einem Felssporn des Altkönigs, dem dritthöchsten Berg des Taunus nach Großem und Kleinem Feldberg, wurde ab 1220 von den Herren von Eschborn erbaut und in den folgenden Jahrhunderten stetig erweitert. Während die Oberburg bis auf die Kapelle nur Ruine ist, kann der 40 Meter hohe, frei stehende Bergfried erklommen werden und bietet einen atemberaubenden Fernblick in die Rhein-Main-Ebene. Der runde Prinzenturm führt zur gut erhaltenen Mittelburg mit dem Kronen- und dem Flügelstammhaus, welches heute das Burgmuseum birgt.

Der Sage nach soll die Burg Königstein vom Frankenkönig Chlodwig erbaut worden sein, nachdem ihm hier die Jungfrau Maria begegnete ... Sicher belegt ist, dass die Burg ab dem 14. Jahrhundert dem Schutz der Handelsstraße Via Publica diente, die von Köln über Frankfurt bis nach Regensburg führte. Aus der mittelalterlichen Anlage mit dem 34 Meter hohen Bergfried entwickelte sich ein Renaissanceschloss, das zeitweise auch in der ganz großen Politik mitspielte. Als Landesfestung und Staatsgefängnis „beheimatete" sie Anhänger der Französischen Revolution. Die Franzosen waren es schließlich auch, die sie Ende des 18. Jahrhunderts sprengten. Heute ist die Ruine zur atmosphärischen Bühne für die renommierten Königsteiner Burgfestspiele geworden.

Die Historie von Bad Homburg nahm einen ganz anderen Verlauf. Zwar ist auch der „Weiße Turm" das Relikt einer mittelalterlichen Burganlage, doch die große Blütezeit erlebte die heutige Kreisstadt als Residenz der Landgrafen von Hessen-Homburg. 1680 ließ Landgraf Friedrich II. anstelle der Burg ein stattliches Schloss errichten, das in der Folgezeit erweitert wurde, im 19. Jahrhundert schließlich ein klassizistisches Gepräge erhielt und zur beliebten Sommerresidenz deutscher Kaiser und preußischer Könige avancierte. Neben der Besichtigung der royalen Gemächer lohnt der Besuch des Schlossparks, der einen prachtvollen alten Baumbestand, etwa eine mächtige Libanonzeder von 1820, vorweisen kann.

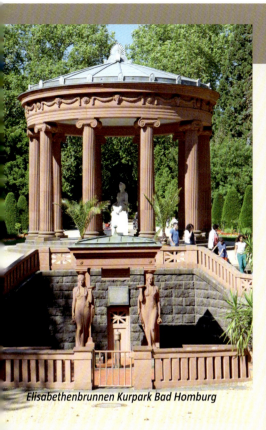
Elisabethenbrunnen Kurpark Bad Homburg

Weißer Turm Bad Homburg

1834 folgte der Aufstieg zum weltbekannten Kurbad, als der Arzt Eduard Christian Trapp die Elisabethenquelle wiederentdeckte und ihre Heilwirkung von seinem Freund, dem Chemiker Justus Liebig, bestätigen ließ. Seit 1912 schließlich trägt die Stadt den Zusatz „Bad" im Namen. Die Quelle wurde im Elisabethenbrunnen gefasst, der im heutigen Kurpark zu finden ist. Wer hier flaniert, passiert weitere kulturhistorische Kleinode wie die Russische Kapelle, den Siamesischen Tempel Sala-Thai I sowie sein 2007 errichtetes Pendant Sala-Thai II und das Kaiser-Wilhelms-Bad gleich neben der Spielbank, die Dostojewski in seinem Buch „Der Spieler" so atmosphärisch beschrieb. Wer mehr über den Taunus erfahren möchte, findet in Oberursel zwei Museen, die sich Natur, Geschichte und Besonderheiten der Mittelgebirgsregion widmen. Das Vordertaunus-Museum, das in einem der hübschen Fachwerkhäuser der Altstadt seine Heimat hat, verfolgt einen eher geschichtlichen Ansatz; das Taunus-Informationszentrum an der Hohemark versorgt seine Besucher mit Tipps und Infos zu Touren in die idyllische Region.

Einen besonders authentischen Blick zurück in Leben und Alltag unserer Vorfahren wirft das Freilichtmuseum Hessenpark in Neu-Anspach. Eine einzigartige Sammlung unterschiedlichster Fachwerkhäuser aus ganz Hessen wurde hier zusammengetragen und im Dorfverband originalgetreu wiederaufgebaut bzw. rekonstruiert. Scheunen und Ställe, Gutshöfe, reiche Wohnhäuser und Unterkünfte von Tagelöhnern, Back- und Wirtshäuser, Apotheke, Schmiede und andere Handwerksbetriebe, Kirchen und eine Synagoge vermitteln ein lebendiges Bild von der Vergangenheit. In Schauvorführungen werden traditionsreiche Handwerke wieder zum Leben erweckt, vom Blaufärber bis zum Köhler, vom Drechsler bis zum Wagner, von der Puppenmacherein bis zur Töpferin, und dadurch nicht zuletzt auch für die Zukunft bewahrt. Eine bunte Reihe an Veranstaltungen und Märkten rundet das vielseitige Angebot ab.

Bad Soden

Moderne Gourmandisen in historischer Umgebung

Landgasthof Rote Mühle

Tafelspitz mit Wurzelgemüse, Bouillonkartoffeln und Frankfurter Grüner Soße

Das Rezept zur Spezialität des Hauses finden Sie auf Seite 36

Bereits die Fahrt zur idyllisch im Liederbachtal gelegenen Roten Mühle bei Bad Soden ist Teil des Genusserlebnisses, das der historische Landgasthof, dessen Ursprünge ins 17. Jahrhundert zurückreichen, seinen Besuchern zu bietet hat. Je mehr sich der Besucher dem Gasthof nähert, desto weiter entfernt er sich vom Alltag und lässt diesen Stück für Stück hinter sich.

Schon seit den 1920er-Jahren eine beliebte gastronomische Institution in der Region, hat sich die Rote Mühle unter der Leitung von Margarita Krummel, die das Anwesen 2009 übernahm, einmal mehr als empfehlenswerte Wohlfühladresse etabliert. Die Hotelfachfrau und -Betriebswirtin setzt hier ihre ganz eigene Vorstellung von einer vielseitigen Gastronomie um, die sie harmonisch mit dem historischen Erbe der Mühle verflicht. Gemeinsam mit ihrem jungen, ambitionierten Team betreut sie die Gäste mit charmanter Herzlichkeit, stimmt die gemütliche Gaststube mit der passenden Dekoration auf jede Jahreszeit ab und prägt eine ebenso regional verwurzelte wie unkonventionell spritzige Landhausküche.

Die „Apfelweinkarte" präsentiert die gutbürgerlichen Klassiker wie Tafelspitz mit Grüner Soße, Steak- und Schnitzelvariationen, Rippchen mit Sauerkraut oder Handkäs mit Musik.

Wem der Sinn indes nach neuen kulinarischen Ideen steht, der freut sich über die stetig wechselnde Saisonkarte, die mit experimenteller Kochfreude gezauberte Genusskreationen vorschlägt. Etwa den Braten vom Taunushirsch in Schokoladensauce, hausgemachte Maultaschen mit Bärlauchricotta oder frühlingsfrischen Sauerampfereintopf.

Ab 12 Uhr öffnet der Landgasthof seine Türen und bietet dann durchgehend warme Küche sowie Kaffee- und frisch gebackene Kuchenspezialitäten an. Sobald die ersten wärmenden Sonnenstrahlen hervorlugen, zieht es die Gäste hinaus in den Biergarten, wo man inmitten alter Bäume besonders lauschig sitzt.

Und egal ob Wanderer oder Feinschmecker, Familie oder Freundeskreis, Aktivsportler oder Ruhesuchender: In der Roten Mühle findet jeder seinen ganz persönlichen Platz zum Wohlfühlen.

Landgasthof Rote Mühle
Margarita Krummel
Rote Mühle 1
65812 Bad Soden
☎ 0 61 74 / 37 93
www.landgasthofrotemuehle.de

Schlosshotel Kronberg

Kaiserliche Genusswelten in historischem Ambiente

🍴 **Tatar vom Taunushirsch in Schwarzbrot mit Schwarzwurzelcreme**

Das Rezept zur Spezialität des Hauses finden Sie auf Seite 36

Kaum hat man das schmiedeeiserne Tor hinter sich gelassen und folgt dem Weg durch den Schlosspark, taucht man schon ein in die gelassene Noblesse des prächtigen Schlosses Friedrichshof, das seine Besucher mit unaufdringlichem Charme empfängt. 1889 von Victoria Kaiserin Friedrich, der ältesten Tochter der englischen Königin Victoria und Mutter des letzten deutschen Kaisers Wilhelm II., im neugotischen Tudor-Stil erbaut, beherbergt das Anwesen seit 1954 ein Hotel der Luxusklasse. Victoria selbst hat ihren Witwensitz liebevoll und detailreich eingerichtet. Und da sich das Haus noch immer im Besitz ihrer Familie, den Landgrafen und Prinzen von Hessen, befindet, begeistern auch heute noch unzählige Antiquitäten und wertvolle Erinnerungsstücke an ihr bewegtes Leben das Auge. Einem lebendigen Museum gleich, gehören sie wie selbstverständlich zum Interieur – in den 58 Zimmern und Suiten ebenso wie in den Sälen und Fluren des Hauses – und machen das Haus damit zu einem der romantischsten Schlosshotels Deutschlands.

Dieses besondere familiäre Fluidum unterstreicht auch die herzliche Gastfreundschaft des Teams um Hoteldirektor Franz Zimmermann. Wo schon Zar Nikolaus II. und König Edward VII. nächtigten, wird heute der „Genussadel" aufs Angenehmste verwöhnt. Jedes Zimmer des Schlosshotels, das zu den Small Luxury Hotels of the World gehört, verströmt seine ganz eigene Atmosphäre. Wer die Royal Suite bewohnt, residiert in den einstigen Wohnräumen Wilhelms II. und blickt vom kaiserlichen Schreibtisch aus in den Schlosspark. Auch wenn allerorts das Interieur förmlich Geschichte atmet, verzichtet der Gast doch nicht auf Bequemlichkeit und höchsten Komfort. Der Spagat zwischen Bewahrung der Historie und Fünfsterneluxus gelingt mit Bravour.

Modern und kreativ, sinnen- und aromenreich, so zeigt sich das kulinarische Angebot des Hauses unter der Ägide von Küchenchef Oliver Preding. Er bietet eine frische, saisonale Menü- und À-la-carte-Auswahl, bei der sich regionale Spezialitäten und kosmopolitische Einflüsse zum gelungenen Rendezvous vereinen. Zum Beispiel mit Kompositionen wie Tranchen von der gepökelten Kalbszunge mit gebratener Jakobsmuschel und Senfcreme, Müritzer Lammstelze, in Tomatenöl confiert, mit provenzalischem Gemüse und geräuchertem Knoblauch oder Duett vom Jungbullen mit eigener Praline, Kartoffelbaumkuchen, Selleriemousseline und gefüllter Zucchini.

Dazu passen die Weine des hauseigenen Rheingauer Weingutes Prinz von Hessen vorzüglich, ergänzt von einer erlesenen Auswahl internationaler Gewächse aus den renommierten Weinregionen der Welt.

Im Sommer nimmt man gerne in der Victoria Lounge auf der großen Terrasse mit Blick in den weitläufigen Schlosspark Platz und genießt bei Cocktails und Tapas die mediterran anmutende Stimmung. Das Pedant für kühle Stunden: die behagliche holzgetäfelte Jimmy's Bar, die unter anderem mehr als 50 Whiskysorten zu bieten hat. Die früheren Wohnräume der Kaiserin bieten Festgesellschaften einen unvergleichlich stilvollen Rahmen – der besonders für Hochzeiten sehr beliebt ist, zumal man sich in der kaiserlichen Bibliothek gleich nebenan sogar trauen lassen kann.

Ebenso außergewöhnlich und beeindruckend als Event-Location: die Grotte im Schlosspark, die unvergessliche Momente garantiert, ob nun ganz romantisch zu zweit oder in größerer geselliger Runde.

Auch das umfangreiche Veranstaltungsprogramm des Hauses zeigt sich variantenreich. Von der sonntäglichen Tea Time im Herbst über kunstsinnige Veranstaltungen wie Lesungen, Konzerte und Malkurse oder den großen Frühjahrsball bis hin zu jahreszeitlich inspirierten Menü- und Buffet-Abenden.

Und nicht zuletzt residiert man im Schlosshotel Kronberg mitten auf einem der schönsten Golfplätze Deutschlands: Die 18 Greens reihen sich malerisch in dem weitläufigen Parkgelände im englischen Landschaftsstil um jahrhundertealte Bäume, blühende Rhododendren und edle Gehölze.

Egal ob Golfer, Gourmet oder Genussreisender – das Schlosshotel Kronberg bietet für jeden Gast ganz besondere Erlebniswelten mit kaiserlicher Grandezza, die sicher lange im Gedächtnis bleiben werden.

Schlosshotel Kronberg
Hotel-Direktor:
Franz Zimmermann
Hainstraße 25
61476 Kronberg
☎ 0 61 73 / 7 01-01
📠 0 61 73 / 7 01-2 67
www.schlosshotel-kronberg.de

Gemütliche Genusswelt im Grünen

Restaurant Bürgelstollen

Bereits seit 1927 speist der 730 Meter lange Bürgelstollen frisches Trinkwasser aus dem zerklüfteten Bürgel in die Kronberger Wasserversorgung ein und lockt mit seiner idyllischen Lage zum Ausflug in das weitläufige Waldgebiet des Taunusstädtchens. Da trifft es sich ausgezeichnet, dass gleich neben dem Stolleneingang ein gemütliches Restaurant gleichen Namens zum Besuch lädt. Hier bieten die Gastgeber Regine und Bernhard Bunne eine kreativ-regionale und im besten Wortsinne gutbürgerliche Küche.

Zu den Klassikern des Hauses gehört Traditionelles wie Grüne Soße, Rumpsteak vom argentinischen Angusrind oder Haspel mit Sauerkraut. Die Tageskarte wartet dazu mit kreativen Interpretationen heimischer Produkte auf, mal mediterran inszeniert, mal mit dezent asiatischer Note versehen. Weithin bekannt ist das Haus auch für seine Wildgerichte. Bernhard Bunne bezieht das Wild direkt von einem Jäger aus dem Hunsrück und verwandelt es in würzigen Wildhackbraten, feine Hirschrouladen oder zarte Rehkoteletts. Eine kulinarisch spannende Liaison ist auch der Stramme Max mit Wildschweinschinken, der sich ebenfalls, vereint mit Bärlauch-Frischkäse, im Bürgelstollen Cordon bleu wiederfindet.

„Ich mag bodenständige Gerichte mit dem gewissen Etwas, aus den besten Grundprodukten und auf hohem Niveau zubereitet", unterstreicht der Hausherr seine Küchenphilosophie. Ehefrau Regine zeichnet derweil in den urgemütlichen Galträumen, die von viel Holz und einer detailreichen jahreszeitlichen Dekoration bestimmt werden, für den authentischen familiären Service des Hauses verantwortlich. „Ich möchte, dass unsere Gäste sich bei uns wie zu Hause fühlen, gerne wiederkommen und hier eine gute Zeit verbringen." Bei schönem Wetter lockt der idyllische Biergarten mit seinem sensationellen Fernblick bis zu den Höhenzügen des Odenwalds ins Freie. Da lässt es sich einmal mehr verweilen und noch ein bisschen länger die herzliche Gastfreundschaft im Bürgelstollen genießen ...

Restaurant Bürgelstollen
Regine & Bernhard Bunne
Bürgelstollen 1
61476 Kronberg
☎ 0 61 73 / 96 36 20
📠 0 61 73 / 96 36 79
www.buergelstollen.de

Heller Pralinen
Aus Tradition und Begeisterung dem Genuss verpflichtet

Bayrisch-Creme-Torte mit Himbeeren

Das Rezept zur Spezialität des Hauses finden Sie auf Seite 37

Schon seit über 90 Jahren dreht sich bei Heller Pralinen alles um die Schokolade. 1920 legte Alois Heller, der Urgroßvater des heutigen Inhabers Christian Ruzicka, mit zwei Verkaufsstellen in der Frankfurter Innenstadt den Grundstein für die süße Erfolgsgeschichte der Familie. In den Dreißigerjahren verlegte er die Produktion nach Oberursel und hier verwöhnen Christian Ruzicka und sein Team die Kunden aus der Region auch heute noch mit purem Schokoladenglück.

Die Spezialität des Hauses ist seit jeher der Sahnetrüffel. Die Bewahrung der Familienrezepte und einer traditionellen Verarbeitungsweise ist Christian Ruzicka besonders wichtig. „Wir rollen noch jeden Trüffel per Hand. Das bedarf großer Sorgfalt und natürlich auch mehr Aufwand als das Befüllen vorgefertigter Hohlkörper", erläutert der Konditormeister seinen Qualitätsanspruch. Auch Champagner- und Himbeertrüffel, Apfelwein- und Pfirsich-Trüffel, Orangen-Marzipan, Blätterkrokant, Mandelberge und Nougatkapseln gehören zu den Favoriten seiner Kunden. Hinzu kommen handgeschöpfte Tafelschokoladen und feines Teegebäck. Neben hochwertigen Grundprodukten kommt es dem kreativen Confiseur vor allem auf die Ausgewogenheit der einzelnen Zutaten und eine dezente Süße an, die dem Nougat oder Marzipan seine eigene Ausdrucksstärke belässt – das schätzen die Kunden besonders.

Zur Pralinenmanufaktur mit zwei Ladengeschäften in Oberursel ist 1999 das Café am Epinayplatz gekommen: die ideale Bühne für die vielfältige Kuchen- und Tortenauswahl des Hauses. Cassis-Schoko- und Bayrisch-Creme-Himbeertorte, Sachertorte und Frankfurter Kranz, Käsesahne und Schwarzwälder Kirsch, Himbeer-Schokoladen-Tarte oder Aprikosen-Marzipan-Tarte – hier zeigt sich die ganze Klaviatur feinster Konditorenkunst.

Und auch mit süßen Events wie einer Wein- und Schokoladendegustation oder einem Schokoladenmenü stellt Christian Ruzicka die vielen kulinarischen Facetten der Schokolade eindrucksvoll unter Beweis. So steht der Name Heller Pralinen auch nach 90-jähriger Familiengeschichte mehr denn je für puren Genuss auf höchstem Niveau.

Heller Pralinen OHG
Christian Ruzicka
Altenhöfer Weg 8
61440 Oberursel
☎ 0 61 71 / 26 82 26
📠 0 61 71 / 2 20 28
www.heller-pralinen.com

Süße Kunstwerke für den Genuss des Augenblicks

Das Tortenatelier

Schon der Name verweist auf die harmonische Verbindung von Kunst, Kreativität und kulinarischen Genüssen. Nicht ohne Grund hat Konditormeisterin Sabine Hörndler ihre Tortenmanufaktur im Herzen von Bad Homburg „Das Tortenatelier" genannt. Denn was hier entsteht, ist mehr als süßes Naschwerk. „Ich habe noch nie eine Torte zweimal gemacht", unterstreicht sie ihren Anspruch, unvergessliche Unikate zu kreieren, die ein Stück Lebensgeschichte ihrer Kunden aufgreifen.

So ist die Basis jeder Torte nicht etwa die Zusammenstellung der hochwertigen Zutaten, sondern das erste Gespräch mit dem Auftraggeber. Hier gilt es herauszufinden, was sich der Kunde wünscht. „Manchmal fällt mir sofort etwas dazu ein und ich beziehe mich auf ein Hobby oder eine besondere Leidenschaft, manchmal dauert der Ideenfindungsprozess auch etwas länger", erzählt sie.

Besonders bei Brautpaaren nimmt sich Sabine Hörndler viel Zeit für die ausführliche Beratung und bietet eine Auswahl an Probetörtchen zur Verkostung an, um jedem Paar den individuellen Tortentraum für den schönsten Tag im Leben zu erfüllen.

Der Fantasie sind (fast) keine Grenzen gesetzt: das Fußballtrikot des Lieblingsvereins, eine Reisetasche zur Verabschiedung, ein romantisches Herz zum Valentinstag oder ein Schiff für den Segelfan – Sabine Hörndler erzählt mit ihren Torten süße Geschichten, malt essbare Bilder, setzt Schokolade, Sahne, Marzipan und Co. detailreich in Szene.

Passionsfrucht-Törtchen

Das Rezept zur Spezialität des Hauses finden Sie auf Seite 37

Wer nun Appetit bekommt, der trifft in dem kleinen Ladengeschäft, das in einem Innenhof gleich zu Beginn der Audenstraße zu finden ist, auf ein köstliches Tagesangebot. Die kleinen Kuchen und Törtchen, Petit Fours, Konfekt und Macarons werden stets in Portionsform offeriert und folgen dem Motto „Gaumenfreuden mit dem gewissen Esswas".

Ganz wichtig ist Sabine Hörndler die Transparenz ihrer Arbeit. Die Kunden können in die gläserne Patisserie hineinschauen und hautnah miterleben, wie die aufwendigen Torten Stück für Stück entstehen – süße Meisterwerke für den Augenblick, allein gemacht für den Genuss im Hier und Jetzt.

Das Tortenatelier
Sabine Hörndler
Audenstraße 1
61348 Bad Homburg
☎ 0 61 72 / 123 64 04
www.das-tortenatelier.de

Hofgut Kronenhof

Die Sonne im Glas ...

Handkäse-Salat

Das Rezept zur Spezialität des Hauses finden Sie auf Seite 38

Der stattliche Kronenhof – Heimat des Bad Homburger Brauhauses – ist eine kleine Genusswelt für sich. Die Gastgeberfamilie Wagner bewirtschaftet ihr Anwesen ökologisch nachhaltig und weitgehend autark. Die Braugerste für das Kronenhofbier, der Weizen für den Jubiläumskorn, der Raps für das Blockheizkraftwerk, das Haus und Hof mit Wärme und Energie versorgt, sowie Hafer, Heu und Stroh für die Bewohner der hauseigenen Reitanlage mit Pferdepension werden auf den eigenen Ackerflächen angebaut. Es gibt Regenwasserzisternen, Photovoltaikanlagen und sogar eine Öko-Strom-Tankstelle auf dem Hof. Dieses Engagement hat nun sogar zur Zertifizierung durch die TU Weihenstephan als Hessens erstes „Solarbier" geführt, also Bier, das ausschließlich mit Solar- oder regenerativer Energie hergestellt wird.

Bei schönem Wetter sitzt es sich im großen Biergarten ebenso lauschig wie im gemütlichen Brauhaus mit den beiden kupfernen Sudkesseln und von der Decke hängenden Hopfendolden. Hier kümmert sich Braumeister Christian Ochs um die süffigen Biere des Hauses: das helle und dunkle Kronenhof-Bier sowie die jahreszeitlichen Spezialitäten vom Kronenhof-Alt über Mai- und Weihnachtsbock bis zu Champagner-Weizen oder Whisky-Rauchbier.

Hofgut Kronenhof
Bad Homburger Brauhaus
„Graf Zeppelin"
Zeppelinstraße 10
61352 Bad Homburg
☎ 0 61 72 / 28 86 62
📠 0 61 72 / 28 86 60
www.hofgut-kronenhof.de

Dazu serviert Küchenchef Michael Hentrich bieraffine, regional verwurzelte Speisen, die vorzüglich mit dem Gerstensaft harmonieren. Zu den beliebten Brauhaus-Klassikern gehören die hausgemachte Grüne Soße, die zum Beispiel zu knusprigen Kartoffeltaschen, gesottener Ochsenbrust oder dem Frankfurter Schnitzel gereicht wird, der in Dunkelbier marinierte Schweinebraten oder das Brauersteak in pikanter Biersauce.

Mit seinen hellen Bankett- und Seminarräumen, die mit modernster Technik ausgestattet sind, hat sich das Haus zudem als renommierte Eventlocation und Tagungsadresse in der Region etabliert. Und auch der Veranstaltungskalender lädt mit festlichen Brunches an den Feiertagen, lustig-informativen Bierseminaren oder dem traditionellen Mai- bzw. Weihnachtsbock-Anstich zum Besuch auf den schönen Kronenhof.

Eine süße Reise durch die Welt

Konditorei Weege am Europakreisel

Schokoladentarte

Das Rezept zur Spezialität des Hauses finden Sie auf Seite 38

Schon beim Betreten des kleinen Ladengeschäftes duftet es verführerisch. Und da lachen sie dem Auge des Betrachters auch schon entgegen, die süßen Köstlichkeiten in der Auslage: französische Schokoladentarte, Schweizer Marillen- und italienische Mandeltorte, altdeutscher Apfelkuchen, Seite an Seite mit der fränkischen Nusstorte. Fast scheint es so, also sei der Europakreisel vor der Tür mit seinen internationalen Fahnen das Motto für die leckere Kuchen- und Tortenauswahl, die Konditormeister Christoph Björn Weege hier bietet.

Seit Januar 2010 führt er gemeinsam mit Ehefrau Jacqueline die alteingesessene Konditorei am Europakreisel. Viele der bei den Bad Homburgern beliebten Spezialitäten sind geblieben, hinzu kommen aber auch immer wieder eigene Ideen des jungen Konditormeisters, der sich geschmacklichen Trends nicht verschließt, in seiner Backstube aber vor allem Wert auf die traditionellen Herstellungsweisen seines Handwerks legt.

Neben den klassischen Vertretern gehören auch viele saisonale Highlights zum Angebot. Im Sommer gibt es Pflaumenbuchteln, Zitronen-Sahne-Roulade oder Johannisbeer-Baisertorte, zu Ostern feine Creme-Eier oder Marmor-Kuchen in Lamm-Form, zu Weihnachten feine Plätzchen und (nicht nur) zur Faschingszeit leckere gefüllte „Kreppel". Für festliche Anlässe kreieren Christoph Björn und Jacqueline Weege ausgefallene Motivtorten, die mit liebevollen Details auf die Wünsche der Kunden abgestimmt werden. Ob romantisches Herz für Verliebte, mehrstöckige Hochzeits- oder lustige Figuren-Torte zum Kindergeburtstag – diese kreative Seite seines Berufes macht Christoph Björn Weege besonderen Spaß, und auch Ehefrau Jacqueline, die für die Gestaltung der Motivtorten zuständig ist, bringt als gelernte Dekorateurin viele fantasievolle Ideen mit ein.

Neben Kuchen, Creme- und Sahnetorten gibt es des Weiteren Hefefeingebäck sowie Brot und Brötchen im Angebot, darunter viele Bio-Produkte.

„Am Wochenende ist unser Sortiment am größten, dann zeigen wir die ganze Bandbreite unseres Könnens und freuen uns, wenn es unseren Kunden immer wieder bei uns schmeckt."

Konditorei Weege am Europakreisel
Christoph Björn Weege
Am Hohlebrunnen 1
61352 Bad Homburg
☎ 0 61 72 / 45 60 58
www.konditorei-weege.de

Landsteiner Mühle
Das Beste, was einem Apfelwein passieren kann ...

Hutzel-Reh mit Kartoffelroulade

Das Rezept zur Spezialität des Hauses finden Sie auf Seite 39

Ein schönes Fleckchen haben sich die Erbauer der Landsteiner Mühle vor rund 500 Jahren da ausgesucht, inmitten der waldreichen Höhen des Hochtaunus und gleich neben der malerischen Kirchenruine an der Weil, die früher auch das Rad der Mahlmühle antrieb.

Im Inneren hat man die historische Bausubstanz behutsam erhalten und das edel-rustikale Ambiente harmonisch darauf abgestimmt. Höchst innovativ zeigt sich indes das kulinarische Angebot des ApfelWeinBistrorants des Hausherrn Michael Stöckl, Deutschlands erstem ApfelWeinSommelier. Ein Titel, der ihm vor einigen Jahren von einem findigen Journalisten verliehen wurde. Zu Recht! Denn Michael Stöckl ist ein wahrer Apfelweinfanatiker. Er präsentiert in seinem ApfelWeinBuch eine Auswahl der exquisitesten Spitzenapfelweine aus Hessen, Deutschland und der Welt, gekeltert von Menschen, die seine Leidenschaft teilen. Schon nach der Ausbildung zum Sommelier machte er sich daran, die Wertigkeit des Apfelweins völlig neu zu definieren und schuf mit der Landsteiner Mühle, die er 2002 von seinen Eltern übernahm, dann auch die kulinarische Plattform dafür.

Landsteiner Mühle
Michael Stöckl
Landstein 1
61276 Weilrod
☎ 0 60 83 / 3 46
📠 0 60 83 / 2 84 15
www.landsteiner-muehle.de

„Wir deklinieren das Thema Apfel komplett durch, vom Aperitif bis zum Dessert", unterstreicht Stöckl seinen Anspruch, den sein Küchenchef Mathias Reiter souverän mitträgt. Seine Küche zeigt sich sinnes- und aromenreich, bedient sich hochwertiger Produkte von regionalen Erzeugern und präsentiert traditionelle Gerichte im modernen Gewand. Dies stellen Gaumenkitzler wie Blutwurst-Ravioli auf Selleriepüree, die kongeniale Trilogie aus Süppchen, Salat und Schaum vom Handkäse oder das Apfelweinschnitzel mit Graupen-Apfel-Füllung in Apfelweinsauce eindrucksvoll unter Beweis. Michael Stöckl versteht sich auch auf die gelungene Liaison von Kultur und Kulinarik, so lädt der passionierter Big-Band-Trompeter regelmäßig zu Jazz & Essen, zum Apfelweingeflüster mit Menü und korrespondierenden Apfelweinen oder steckt in seiner Apfelweinschule seine Schüler auf unterhaltsam-genussvolle Weise mit seiner großen Passion für den edlen Most an ...

Von Katzen, Klippen und kulinarischen Genüssen ...

Landgasthof Eschbacher Katz

Es war einmal ein geiziger Graf, der seinen Bauern nach alter Tradition ein Festmahl bieten musste, sobald sie den Zehnten ablieferten. Doch statt dem versprochenen Hasenbraten setzte der Geizhals ihnen Katze vor, was die Bauern so entzürnte, dass sie ihm ans Leder wollten. Nur mit dem künftigen Erlass des Zehnten konnte er sein Leben retten ...

Diese Sage, die man sich seit Jahrhunderten in der Region erzählt, ist auch der Namensgeber des urigen Landgasthofes Eschbacher Katz im Herzen des Usinger Stadtteils Eschbach. Unter der Ägide des gebürtigen Allgäuers Manfred Anzer, der das Traditionshaus 1991 übernahm und noch sieben gemütliche Gästezimmer einrichtete, hat es seine Funktion als Treffpunkt für Einheimische bewahrt, sich zugleich aber auch als echte Genussadresse für Feinschmecker aus der weiten Region etabliert, die sich über eine facettenreiche, frische Küche freuen. Denn das kulinarische Angebot zeigt sich äußerst vielseitig und kreativ inspiriert und spielt ebenso einfallsreich mit den Küchenstilen dieser Welt.

Neben der regional-bodenständigen Speisenauswahl nimmt nämlich ein abwechslungsreicher Veranstaltungskalender die Gäste im zweiwöchigen Rhythmus mit in exotische Genusswelten, die sich beispielsweise der Küche Kolumbiens, Australiens oder des Orients annehmen, zur Mittelmeerkreuzfahrt oder zur Reise durch die Welt der Gewürze einladen. Zu den Spezialitäten des Hauses gehören neben den Kaninchengerichten – eine kulinarische Reminiszenz an die alte Sage des Ortes – und saftig gegrillten Steaks von Simmentaler Rindern, die auf würzigen Almwiesen grasen dürfen, auch saisonal wechselnde Gerichte mit frischen Zutaten aus der Region.

Nach dem Essen empfiehlt sich ein Spaziergang zu den nah gelegenen Eschbacher Klippen – eine bis zu zwölf Meter hohe Felswand aus Quarzgestein, die spektakulär aus der sanften Waldlandschaft herausragt und einen eindrucksvollen Blick hinab ins Usinger Becken freigibt!

Kaninchenrücken auf Holunder-Apfelsauce mit Kürbis-Rosmarinrisotto und karamellisiertem Chicoree

Das Rezept zur Spezialität des Hauses finden Sie auf Seite 39

Landgasthof Eschbacher Katz
Manfred Anzer
Michelbacher Straße 2
61250 Usingen-Eschbach
☎ 0 60 81 / 29 68
📠 0 60 81 / 6 77 16
www.eschbacherkatz.de

Tafelspitz mit Wurzelgemüse, Bouillonkartoffeln und Frankfurter Grüner Soße

Landgasthaus Rote Mühle, S. 16

Zutaten

Tafelspitz *1 kg Tafelspitz* | *2 Lorbeerblätter* | *5 Pfefferkörner* | *1 Bund Suppengrün* | *1 EL Salz*
Wurzelgemüse & Bouillonkartoffeln *2 Möhren* | *1/4 Knollensellerie* | *2–3 Petersilienwurzeln* | *6 Kartoffeln*
Frankfurter Grüne Soße *1 Packung Frankfurter Grüne Soße (enthält Kerbel, Pimpinelle, Borretsch, Petersilie, Schnittlauch, Kresse und Sauerampfer) Eventuell noch 1/2 Schale Kresse, weil diese oft nur sparsam enthalten ist* | *250 g saure Sahne* | *250 g Schmand* | *1 EL Senf* | *2 hart gekochte Eier* | *Saft von 1 Zitrone* | *Salz, Pfeffer*

Zubereitung

Das Fleisch kalt abwaschen. 5,5 Liter Wasser mit den Gewürzen und dem grob gehackten Suppengrün erhitzen, den Tafelspitz hineinlegen und aufkochen lassen. Den sich bildenden Schaum während der ersten Kochminuten wiederholt mit dem Schaumlöffel abheben. Dann das Fleisch bei milder Hitze für 2 Stunden köcheln lassen, den Deckel aber nicht ganz auflegen, sondern einen Spalt offen lassen.
Wurzelgemüse und Kartoffeln schälen und in gleich große Stücke schneiden. Mit einer Kelle etwas Fleischbrühe aus dem Fleischtopf nehmen, durch ein feines Sieb seihen, Gemüse- und Kartoffelstücke in dieser Brühe gar kochen. Die Kräuter für die Grüne Soße sehr fein hacken und mit saurer Sahne, Schmand und Senf vermengen. Eier klein hacken und unterrühren. Mit Zitronensaft, Salz und Pfeffer abschmecken.
Wenn der Tafelspitz schön zart ist, aus der Brühe heben und in ca. 1 Zentimeter dicke Scheiben aufschneiden. Auf einer vorgewärmten Platte anrichten und mit etwas heißer Fleischbrühe übergießen. Das Gemüse mit den Kartoffeln und etwas Brühe und natürlich die Grüne Soße dazu reichen.

Tatar vom Taunushirsch in Schwarzbrot mit Schwarzwurzelcreme

Schlosshotel Kronberg, S. 18

Zutaten für 1 Portion

100 g Hirschrückenfleisch
Marinade *2 g Wildgewürz „Waldeslust"** | *2 g Senf* | *4 g Himbeermark* | *Pfeffer, Salz* | *3 g Schalotten* | *4 ml Olivenöl*
Schwarzwurzelcreme *60 g Schwarzwurzel, geschält* | *10 g Zwiebeln* | *15 ml Milch* | *Räuchermehl* | *5 ml Sahne* | *15 g Lardo (Lardo heißt auf Italienisch Speck und steht für einen besonders gereiften, fetten Speck, der typisch ist für die italienische Küche. Die bekanntesten Sorten kommen aus dem Aostatal in Südtirol und der Colonna in der Toscana)* | *2 hauchdünne Scheiben Bauernbrot, getrocknet*
***Rezeptur für die Gewürzmischung Waldeslust** für 5 Portionen 7 g Sternanis* | *3,5 g Kardamom gemahlen* | *1,8 g Lorbeer* | *1 g Nelke* | *2 g Wacholderbeeren* | *1,2 g Pfeffer schwarz* | *1 g Koriander* | *0,5 g Piment*
Alles zusammen im Mörser fein zerreiben.

Zubereitung

Für das Hirschtatar das Hirschrückenfleisch durch die feine Scheibe des Fleischwolfes drehen. Alle Zutaten für die Marinade verrühren. Das Hirschfleisch mit der Marinade abschmecken.
Für die Schwarzwurzelcreme die Schwarzwurzeln mit den Zwiebeln in Milch bissfest garen. Dann leicht kalt räuchern. Dazu Räuchermehl in eine Pfanne geben, bis der Boden gerade bedeckt ist, mit Alufolie abdecken und in diese einige Löcher piken. Auf dem Herd erhitzen, bis Rauch aus den Löchern austritt. Die Schwarzwurzeln in einem Gefäß in den kalten (!) Backofen auf ein Gitter geben. Die Pfanne mit dem Räuchermehl unten in den Ofen stellen und die Tür schließen. Für 2 Minuten kalt räuchern.
Dann die Schwarzwurzeln zu einer cremigen Masse pürieren, eventuell etwas Sahne dazugeben.
Lardo in Würfel schneiden und in der Pfanne langsam auslassen.
Zum Anrichten das Tatar zwischen die beiden Brotscheiben streichen, die Schwarzwurzelcreme auftragen und mit den Speckwürfelchen dekorieren.

Bayrisch-Creme-Torte mit Himbeeren
Heller Pralinen, S. 24

Zutaten für 1 Torte
Schokoladenböden 115 g Eiweiß | 75 g Zucker | 1 kl. Prise Salz | 55 g Kuvertüre | 30 g Mehl
Tränke 20 g Zucker | 30 g Himbeermark
Himbeer-Buttercreme 125 g Butter | 125 g gekochte Vanillecreme | 50 g Himbeermark
Bayrisch-Creme 10 Blatt Gelatine | 500 g Milch | 1 Prise Salz | Mark 1/2 Vanilleschote | 140 g Eigelb | 125 g Zucker | 500 g Sahne, geschlagen
Fruchtspiegel 2 Blatt Gelatine | 250 g Himbeermark
Außerdem 125 g frische Himbeeren + einige zur Garnierung | Kuvertüre zum Überziehen | Schlagsahne zum Garnieren

Zubereitung
Für die Schokoböden Eiweiß mit Zucker und Salz zu Schnee schlagen. Kuvertüre erwärmen, mit der Eimasse verrühren, zum Schluss das gesiebte Mehl untermischen. Die Schoko-Baisermasse auf Backpapier in einem Ring mit 26 Zentimetern Durchmesser bei 180 bis 200 °C für 10 bis 12 Minuten backen. Dann zweimal durchschneiden, damit man 3 Böden erhält. Für die Tränke 30 Milliliter Wasser mit dem Zucker aufkochen. Etwas abkühlen lassen, Himbeermark einrühren. Für die Himbeer-Buttercreme die warme Butter mit der Vanillecreme schaumig rühren. Himbeermark unterheben. Für die Bayrisch-Creme Gelatine in wenig Wasser einweichen. Milch, Salz und Vanillemark auf 95 °C erwärmen. Gelatine ausdrücken und unterrühren. Eigelb mit Zucker schaumig aufschlagen, erwärmte Milch unter Rühren beifügen. Beginnt die Creme zu gelieren, geschlagene Sahne unterheben. Für den Fruchtspiegel die Gelatine auflösen und mit dem Himbeermark verrühren. Nun zuerst eine Seite des ersten Bodens mit flüssiger Kuvertüre bis zum Rand bestreichen. Dieser bildet den Unterboden der Torte. Alle drei Böden mit der Himbeertränke abstreichen. Die Böden mit der Himbeer-Buttercreme bestreichen und zusammensetzen. Einen Ring von 26 cm Durchmesser um die Böden stellen. 125 Gramm frische Himbeeren auf den obersten Boden auflegen und kühl stellen. Die Bayrische Creme so in den Ring füllen, dass keine Blasen entstehen. Die Oberfläche glatt streichen, Fruchtspiegel auftragen, über Nacht kühl stellen, in 16 Stücke einteilen, mit frischen Himbeeren und Sahnetupfern ausgarnieren.

Passionsfrucht-Törtchen
Das Tortenatelier, S. 26

Zutaten für 10 Törtchen, Ø 7,5 cm
Haselnussbiskuit 95 g Puderzucker | 60 g Haselnüsse, gemahlen | 3 Eier | 95 g Eiweiß | 50 g Zucker | 20 g Butter, flüssig | 25 g Mehl
Passionsfruchtmousse 3 Blatt Gelatine | 1 Ei | 2 Eigelb | 50 g Zucker | 100 g Passionsfruchtmark | 250 g geschlagene Sahne
Passionsfruchtgelee & Garnierung 2 Blatt Gelatine | 100 g Passionsfruchtmark | Kuvertüre | 20 Walnusshälften

Zubereitung
Puderzucker mit Nüssen und Eiern 10 Minuten in der Küchenmaschine auf höchster Geschwindigkeit schaumig schlagen. Eiweiß mit Zucker zu Schnee schlagen. Flüssige Butter mit dem Kochlöffel in den Eischaum einrühren. Eischnee und gesiebtes Mehl vorsichtig unterheben. Die Biskuitmasse auf ein mit Backpapier ausgelegtes Blech dünn aufstreichen, bei 185 °C circa 10 Minuten hell backen.
Gelatine für 10 Minuten in Eiswasser einweichen. Ei mit Eigelb und Zucker schaumig schlagen. Gelatine ausdrücken und im warmen Wasserbad auflösen. Mit dem Passionsfruchtmark mischen und zur Eischaum-Masse geben. Geschlagene Sahne unterziehen.
Aus dem Biskuit runde Scheiben mit dem Durchmesser von 7,5 Zentimetern ausstechen oder -schneiden, in eine entsprechend große Form als Boden einlegen. Passionsfruchtmousse bis kurz unter den Rand einfüllen, mindestens 1 Stunde kalt stellen.
Für das Gelee die Gelatine für 10 Minuten in Eiswasser einweichen, danach im warmen Wasserbad auflösen und mit Fruchtmark und 100 ml Wasser mischen. Gelee auf die Törtchen geben und im Kühlschrank fest werden lassen. Kuvertüre im Wasserbad auflösen. Messer in heißes Wasser tauchen und vorsichtig am Rand der Förmchen entlangfahren und die Törtchen vorsichtig daraus lösen. Mit halben Walnüssen und feinen Schokoladenlinien verzieren.

Handkäse-Salat

Hofgut Kronenhof, S. 28

Zutaten

400 g Käse (reifer Handkäse oder Sauermilchkäse) | 1 große Zwiebel | 4 EL milder Essig | 4 EL Apfelsaft | 4 EL Rapsöl | 1 TL Kümmel | 1 Prise Salz | 1 Prise Pfeffer
Salat *3 EL Petersilie | 400 g Blattsalat (z. B. Kopfsalat, Eichblattsalat, Romanasalat, Lollo bionda und rosso, Bataviasalat) | 12 Scheiben Schinkenspeck | 8 Scheiben Treberbrot | etwas Fett zum Rösten | etwas Schnittlauch und essbare Blüten zum Garnieren (z. B. Stiefmütterchen)*

Zubereitung

Den Handkäse in circa 1 Zentimeter große Würfel schneiden und in eine Schüssel geben. Die Zwiebel schälen und ebenfalls würfeln, dann mit Essig, Apfelsaft, Rapsöl, Salz und Pfeffer sowie Kümmel gut verrühren. Die Vinaigrette zum Käse geben, alles gut durchmischen, abdecken und für etwa eine halbe Stunde ziehen lassen. Petersilie waschen, trocken tupfen und klein hacken. Vor dem Anrichten zum Salat geben. Den Blattsalat waschen, trocken schleudern und etwas kleiner zupfen. Die Speckscheiben ohne Fett kross ausbraten, die Brotscheiben halbieren und in etwas Fett rösten. Nun den Blattsalat auf einem Teller anrichten, den Handkäsesalat darübergeben und mit den Speck- und Brotscheiben ausgarnieren. Zum Schluss noch einige Schnittlauchstängel sowie essbare Blüten darauf anrichten und fertig ist der Handkäsesalat.

Schokoladentarte

Konditorei Weege am Europakreisel, S. 30

Zutaten für 1 Tarte

200 g Kuvertüre | 200 g Butter | 150 g Zucker | 4 Eier | 80 g Mehl | Puderzucker zum Garnieren

Zubereitung

Zunächst die Butter langsam flüssig werden lassen. Die Kuvertüre über dem heißen Wasserbad ebenfalls langsam verflüssigen. Beides vorsichtig und nicht zu rasch miteinander verrühren, die Zutaten dürfen nicht zu heiß sein, damit die Masse nicht gerinnt.
Dann die Eier gemeinsam mit dem Zucker schaumig aufschlagen. Das Mehl portionsweise darübersieben und leicht unterheben. Darauf achten, nicht zu viel Luft unterzuschlagen. Die Schoko-Butter-Mischung vorsichtig in die Ei-Zucker-Masse geben und gut verrühren.
Masse in eine Form mit einem Durchmesser von 26 Zentimetern streichen. Bei 200 °C circa 25 Minuten backen.
Abkühlen lassen und vorsichtig aus der Form lösen. Mit Puderzucker bestäuben und nach Wunsch ausgarnieren.

Hutzel-Reh mit Kartoffelroulade
Landsteiner Mühle, S. 32

Zutaten
Hutzel-Reh 600 g Rehfleisch | 200 g gehackte Zwiebeln | 2–4 EL Öl | 12 g Paprika edelsüß | 250 ml Apfelwein | 250 g Crème fraîche | 350 g Apfelmus | 300 g gehackte Hutzeln (gedörrte Äpfel, in Apfelwein eingeweicht) | Salz, Pfeffer und Muskatblüte
Kartoffelroulade 600 g Spinat | 1 Schuss Weißwein | 150 g Speck | 700 g Kartoffeln, gekocht | 3 Eigelb | 150 g Mehl | Salz, Pfeffer, Muskatnuss | etwas Milch

Zubereitung
Für das Hutzel-Reh die Zwiebeln in einem Topf in 1 bis 2 Esslöffeln Öl anschwitzen. Unter ständigem Rühren Paprika hinzugeben, dann mit Apfelwein ablöschen. Crème fraîche, Apfelmus und die klein gehackten Hutzeln dazugeben. Mit Salz, Pfeffer und Muskatblüte würzen und aufkochen. Nach dem Aufkochen gegebenenfalls nachwürzen.
Vom Rehfleisch Silberhäutchen und Sehnen entfernen. Dann in circa 1/2 Zentimeter breite und 3 Zentimeter lange Streifen schneiden, salzen, pfeffern und in einer heißen Pfanne in 1 bis 2 Esslöffeln Öl scharf anbraten. Dann in die Sauce geben und darin fertig garen.
Für die Füllung der Kartoffelroulade Spinat mit Weißwein in einen Topf geben und so lange erhitzen, bis er zusammenfällt, dann in einem Sieb abtropfen lassen. Den fein gewürfelten Speck knusprig anbraten.
Die gekochten Kartoffeln durchdrücken, mit 2 Eigelb, Mehl und Gewürzen zu einer homogenen Masse verkneten. Die Hälfte davon auf einem Stück Backpapier zu einem Rechteck, circa 1/2 Zentimeter dick, ausrollen. Die Hälfte des grob gehackten Spinats und des Specks auf die unteren 2/3 der ausgerollten Kartoffelmasse geben. Denn den Teig mitsamt der Füllung mithilfe des Backpapiers einrollen. Dazu die untere Kante des Kartoffelrechtecks mit der Hand umschlagen. Danach die Ecken des Backpapiers fassen und mit etwas Druck die Masse zu einer Rolle formen. Zum Schluss die Ecken der Rolle einschlagen und diese auf ein mit Backpapier ausgelegtes Blech legen. Nun noch eine zweite Kartoffelroulade herstellen. Ein Eigelb mit etwas Milch verrühren und die Kartoffelrouladen einpinseln. Bei 190 °C (Umluft 170 °C) 26 Minuten im Ofen backen.

Kaninchenrücken auf Holunder-Apfelsauce mit Kürbis-Rosmarinrisotto und karamellisiertem Chicoree
Landgasthof Eschbacher Katz, S. 34

Zutaten
720 g Kaninchenrückenfilet | 1 Zwiebel | 3 Lauchzwiebeln | 4 Zweige Rosmarin | 4 Zweige Thymian | 1 Hokkaidokürbis | 1–2 EL Butter | 300 g Risottoreis | 200 ml Weißwein | 750 ml Gemüsebrühe | 4 Boskopäpfel | 200 g Holunderbeeren | 400 ml dunkler Kalbsfond | 6 Chicoree | Öl zum Anbraten | Zucker | Salz, Pfeffer

Zubereitung
Kaninchenrücken von Sehnen und Fett befreien und in gleich große Stücke (3 pro Portion) schneiden. Die Zwiebel fein würfeln, Lauchzwiebeln in feine Ringe schneiden. Rosmarin von den Stängeln abzupfen und fein hacken. Thymian von den Stängeln zupfen. Den Kürbis entkernen und würfeln.
Für das Risotto Zwiebel und Lauchzwiebeln in etwas Butter anschwitzen. Kürbiswürfel und Risottoreis zugeben, kurz mit anschwitzen, bis der Reis glasig wird. Nun mit 100 Milliliter Weißwein ablöschen und kurz einkochen lassen. Mit der Gemüsebrühe aufgießen und unter gelegentlichem Umrühren bei leichter Hitze bis zur gewünschten Konsistenz einköcheln lassen. Kurz vor Fertigstellung noch Rosmarin zugeben und unterrühren.
2 Äpfel schälen, entkernen und in grobe Würfel schneiden. Etwas Butter in einem Topf erhitzen, etwas Zucker zugeben und leicht karamellisieren lassen. Apfelwürfel und Holunderbeeren zugeben und einmal aufkochen lassen. Mit einem Pürierstab fein pürieren und durch ein Sieb in einen anderen Topf streichen. Mit Kalbsfond auffüllen, mit Salz, Pfeffer und Zucker abschmecken und bei leichter Hitze warm halten. Vor dem Anrichten noch fein geschnittene, rohe Apfelwürfel unterrühren.
Nun die Kaninchenmedaillons mit Salz, Pfeffer und Thymian würzen. Von beiden Seiten bei mäßiger Hitze in etwas Öl goldbraun anbraten und anschließend bei leichter Hitze gar ziehen lassen.
Äußere Chicoreeblätter entfernen und die Köpfe dritteln. In einer Pfanne etwas Butter erhitzen, Zucker zugeben, karamellisieren lassen und mit dem restlichen Weißwein ablöschen. Nun den Chicoree in den Sud geben, mit etwas Salz und Pfeffer würzen und gar ziehen lassen.
Nun alles gemeinsam dekorativ anrichten und sofort servieren.

Burg Friedberg

Die Wetterau – Kulturlandschaft zwischen Natur und Historie

Die Erdgeschichte hat der Wetterau ein reiches Erbe hinterlassen. Vor allem der durch die letzte Eiszeit entstandene Lössboden ließ die Menschen früh in der Region zwischen Taunus und Vogelsberg siedeln. Über Jahrhunderte hinweg formten sie den fruchtbaren Landstrich zu einer kulturhistorisch höchst interessanten Gegend.

Wer die idyllische Natur der „Kornkammer Deutschlands" erleben möchte, sollte abseits der Hauptstraßen durch die Lande fahren, das Auto auch mal stehen lassen und sich mit dem Rad oder Wanderstock auf den Weg begeben. Es zeigt sich eine sanfte Hügellandschaft, durchzogen von goldgelben Getreide- und Rapsfeldern, saftgrünen Wiesen, üppigen Streuobsthängen sowie sattroten Böden. Und diesen Reichtum spiegelt die Wetterauer Küche auch genussreich wider. Elegante Edelbrände und sogar Whisky – das Gold der Wetterau in flüssiger Form –, knackiges Obst und Gemüse, das auf den mineralreichen Böden bestens gedeiht, Fleisch von Tieren, die auch die Welt vor den Stalltüren kennen, werden verpackt in klassische wie kreative Gerichte, die köstlich von ihrer Heimat zu berichten wissen …

Doch zurück zur Historie. Vor allem die Kelten, die Römer und später das Mittelalter prägten die „Archäologielandschaft" Wetterau. Sie galt vor allem im Mittelalter als wichtiges strategisches Territorium und wurde durchzogen von bedeutenden Handelswegen wie der „Hohen Straße", die die geistlich-politischen Zentren Mainz, Fulda und Erfurt auf kürzester Strecke miteinander verband. Ein gelungenes Konglomerat der wechselvollen Historie bildet das Wetterau-Museum in Friedberg mit Exponaten ab, die einen – zugegebenermaßen sehr weiten – Bogen schlagen von jungsteinzeitlichen Tonfiguren und keltischen Gebrauchsgegenständen über einen wertvollen römischen Münzschatz bis hin zu neuzeitlichem Ackergerät und den Spuren der Rock-'n'-Roll-Legende Elvis Presley, der Friedberg und Bad Nauheim als sein „European home" bezeichnete.

Vom Einfluss Friedbergs als freie Reichs- und Messestadt zeugt seine prächtige Reichsburg, die mit ihrem 3,9 Hektar großen Areal zu den größten Burganlagen Deutschlands gehört und die Stadtentwicklung eindrucksvoll abbildet. Die unterschiedlichen Bauwerke – etwa die mächtigen

Kirschblüte in Ockstadt

Ronneburg

Torbauten, der 58 Meter hohe Bergfried, das Burggrafiat, das Deutschordenshaus, die Burgwache und Burgkirche – folgen der Kulturhistorie vom Mittelalter über die Hochrenaissance bis zu Barock und Frühklassizismus.

Ein Naturschauspiel der besonderen Art hat Friedbergs Ortsteil Ockstadt zu bieten: Alljährlich im Frühling verwandeln sich die Wiesen rund um die Gemeinde in ein Meer aus weißen Kirschblüten, und die Natur zeigt üppig, was sie zu bieten hat – dieses pittoreske Schauspiel lockt jedes Jahr Tausende von Besuchern an, die sich an der Blütenpracht nicht sattsehen können.

Weitere Beispiele für wehrhafte Stauferburgen des Mittelalters sind die Burg Münzenberg im Norden sowie Büdingen mit seiner trutzigen Bastion aus Stadtmauer, Wehrtürmen und Toren, die sich um das pittoreske Fachwerkstädtchen winden, und die märchenhaft auf einem hohen Bergsporn thronende Ronneburg im Osten der Region. 1231 erstmals erwähnt, wurde Letztere von den Staufern als Sicherungsburg der „kaiserlichen Wetterau" genutzt, zum Schutz der Handelswege in der Region. In der Folge erlebten die altehrwürdigen Mauern viele Herren, An- und Umbauten sowie Zerstörungen durch Brände, Plünderungen und gewaltsame Übernahmen. Die Kernburg blieb weitgehend erhalten, was die Anlage zu einer der bedeutendsten Burgen Hessens macht. Und den Besuch von Küche, Kemenate und Gemächern, der obligatorischen Folterkammer, dem 96 Meter tiefen Brunnen und dem 30 Meter hohen Bergfried, der Kapelle und der Alchimistenstube zu einem ebenso spannenden wie informativen Erlebnis. Wer die steile Strecke rund um den Burgberg hinter sich gebracht hat, wird mit einem atemberaubenden Fernblick in das Ronneburger Hügelland belohnt, der bei klarer Sicht bis nach Frankfurt reicht. Neben dem Burgmuseum zieht vor allem die Falknerei auf dem Burgberg die Besucher an und nicht zu vergessen die vom Verein „Freunde der Ronneburg", die auch für die Sanierung der Burg verantwortlich zeichnen, veranstalteten Mittelaltermärkte und Ritterturniere.

Im Kurpark in Bad Nauheim

Sprudelhof in Bad Nauheim

Eine ganz andere Epoche präsentiert das elegante Bad Nauheim. Die Stadt hat sich ihren Charme als Jugendstil-Kurbad erhalten, positioniert sich heute indes als moderner Gesundheitsstandort mit Wellness- und Wohlfühlangeboten für Körper und Geist. Die historischen Gebäude – allen voran natürlich der Sprudelhof, das größte geschlossene Jugendstilensemble Europas – stehen in charmantem Kontrast zu den zeitgemäßen Wellness-Arrangements für den Kurgast des 21. Jahrhunderts. Die neun Heilquellen fördern Wässer unterschiedlicher Zusammensetzung, sodass eine vielfältige Wirkung und differenzierte Therapie möglich ist. Die Kurgäste genießen Armbäder und Wassertreten, Trinkkuren oder ein Bad in der heilsamen Thermalsole. Gleich drei Parks laden zum Flanieren: Neben dem historischen Kurpark im englischen Landschaftsstil bieten der baumreiche Goldsteinpark und der für die Landesgartenschau 2010 revitalisierte Südpark mit den Gradierbauten und weiten Rasenflächen viel Platz für die Freizeitgestaltung.

Im nördlichen Stadtteil Steinfurth residiert die Königin der Blumen: Als international anerkanntes Rosenzuchtzentrum laden in Deutschlands ältestem Rosendorf rund 40 Rosenbaubetriebe mit ihren Verkaufsstandorten und Blumenschaugärten Rosenfans zum Besuch, darunter auch das älteste deutsche Rosenzuchtunternehmen Heinrich Schultheis, das 1868 die rosige Geschichte Steinfurths begründete.

Das Deutsche Rosenmuseum klärt mit einer einzigartigen Ausstellung über die Kulturgeschichte der Rose auf und verfügt außerdem über die umfangreichste Fachbibliothek zum Thema weltweit. Erklärter Höhepunkt der Rosenromantik ist das alle zwei Jahre stattfindende Rosenfest im Juli mit großem Festkorso, auf dem sich natürlich auch Steinfurths Rosenkönigin präsentiert. Motivwagen der ortsansässigen Vereine ziehen dann, mit Millionen von Rosenblüten bestückt, durch die Straßen. Doch auch an den übrigen 364 Tagen im Jahr steht die Rose unangefochten im Mittelpunkt des Rosendorfes Steinfurth.

Rosenblüte in Steinfurth

Willkommen im Bad Nauheimer Schokoladen-Wunderland

Confiserie Odenkirchen

🍫 **Rosentrüffel**

Das Rezept zur Spezialität des Hauses finden Sie auf Seite 70

Das Auge vermag sich kaum sattzusehen an der süßen Vielfalt aus Schokolade, Nougat und Marzipan. Zartschmelzende Champagner-, Cointreau- und Zabaione-Trüffel, edle Pralinen mit Rum-Canache, Eiercognac oder Honigkrokant, handgeschöpfte Tafelschokoladen mit Rosenblüten und Lavendel, rotem Pfeffer, Ananas-Crispie und Karamell-Walnuss …

Das Sortiment der Confiserie Odenkirchen in der Bad Nauheimer Parkstraße zeigt die ganze Bandbreite exklusiver Konditorenkunst. Inhaber Edgar Odenkirchen ist ein wahrhaft einfallsreicher Confiseur, der die Herausforderung liebt. „Es gibt kaum ein dreidimensionales Objekt, das sich nicht in Schokolade darstellen lässt", erzählt der Konditormeister begeistert.

Ob Schatztruhe, Babywiege, Geige, Bier- und Weinflasche oder Computer mit Marzipanmaus – seine detailreichen Schokoladenfiguren stellen eindrucksvoll unter Beweis, dass er auch nach über 40-jähriger Tätigkeit die Passion für seinen Beruf und die kreativen Möglichkeiten nicht verloren hat. Das gilt auch für die aufwendigen Hochzeits- und Geburtstagstorten, die den Bezug zu dem besonderen Anlass, für den sie gefertigt werden, eindrucksvoll einfangen. Mit einer speziellen Drucktechnik ist es zudem möglich, Fotos oder Firmenlogos auf Torten und Schokoladenpräsente aufzubringen.

Überall im Ladengeschäft finden sich liebevolle Reminiszenzen an Bad Nauheim. Salinentropfen, Sprudelpasteten und Johannisbergspitzen – die Kurstadt sendet vielfältige lukullische Grüße. Und nicht zuletzt setzt Edgar Odenkirchen auch dem berühmtesten Besucher der Stadt ein süßes Denkmal: Alljährlich im Januar und August steht das Schaufenster der Confiserie ganz im Zeichen von Elvis Presley: Dann freuen sich Fans aus aller Welt über eigens kreierte Elvis-Pralinen, die als süße Souvenirs verlocken.

Nicht unerwähnt bleiben soll auch die exklusive Konfitürenauswahl mit klassischen wie ungewöhnlichen Geschmacksnoten: Zu Quitte, Kirsche, Heidelbeere und Co. gesellen sich Zwetschge-Anis, Pflaume-Rosmarin, Brombeer-Gin oder grüne Tomaten. Einmal mehr ein Beweis für die genussorientierte Vielseitigkeit des einfallsreichen Konditormeisters Edgar Odenkirchen.

🏠 **Confiserie Odenkirchen**
Edgar Odenkirchen
Parkstraße 2
61231 Bad Nauheim
☎ 0 60 32 / 27 29
www.confiserie-odenkirchen.de

hot and cold – finest catering

Unerwartete Genuss-Momente erleben

🍴 **Jakobsmuscheln mit Essig-Feldfrüchten, Pesto und Paprikacreme**

Das Rezept zur Spezialität des Hauses finden Sie auf Seite 70

Party-Service war gestern – längst erregt man mit hübsch garnierten kalten Platten kein Aufsehen mehr. Heute erwarten die Gäste das Besondere, Einzigartige, wenn sie sich für einen Catering-Service zur lukullischen Gestaltung eines Events entscheiden. Und genau das ist die Kernkompetenz von David Tzschirner. Er entwickelt außergewöhnliche Gourmet-Ideen, die mit einer gelungenen Liaison aus Tradition und Innovation den Gaumen seiner Kunden zu begeistern verstehen.

„Ich will die Gäste neugierig machen, mit hochwertigen Produkten sowie neuen Präsentationsformen bekannter Geschmacksnoten", erklärt David Tzschirner die Philosophie seines kreativen Caterings.

Und sinnenfreudige Kompositionen wie Thunfisch mit grünen Pistazien, Tomatenmarmelade und Ingwerluft, Involtini vom Perlhuhn im Südtiroler Speck mit Thymianjus und flüssiger Polenta oder karamellisierter Milchreis mit Explosions-Crumble stellen eindrucksvoll unter Beweis, was David Tzschirner unter innovativer Kochkunst versteht. Nach langjähriger Erfahrung bei Top-Caterern wie Käfer und Kofler hat er seinen hohen Anspruch bewahrt, als er sich 2003 selbstständig machte und seinen deutschlandweiten Kundenkreis stetig erweiterte. Inzwischen betreibt er auch die renommierten Restaurants „Rotes Haus" in Rockenberg und „Die Krone" in Bad Nauheim, die zudem als Veranstaltungslocation genutzt werden können.

Ob zwei oder 5 000 Gäste, Flying Buffet oder Candle-Light-Menü, trendige Molekularküche oder legere Küchen-Party – David Tzschirner und sein Team begreifen jeden Auftrag als neue Herausforderung: „Ich mag die Anspannung bei großen Veranstaltungen ebenso wie die intime Atmosphäre kleiner Gruppen – und mein Anspruch, dass alle Gäste glücklich und zufrieden nach Hause gehen, ist stets derselbe."

„Geht nicht, gibt's nicht" ist für den Vollblutgastronomen ein gelebtes Motto, das er von der ersten Idee über die exakte Planung bis zur Durchführung des Events hoch professionell in die Tat umsetzt. Sein Ziel: das neue, unerwartete Geschmackserlebnis, das selbst den verwöhnten Genießergaumen noch zu überraschen vermag.

hot and cold – finest catering
David Tzschirner
Burgstraße 9
61231 Bad Nauheim
☎ 0 60 32 / 8 69 39 90
📠 0 60 32 / 8 69 39 73
www.hot-cold.net

Delikatessen im Zeichen der Rose

Bad Nauheim-Steinfurth

Metzgerei Michel-Weitzel

In Deutschlands ältestem Rosendorf Steinfurth dreht sich alles um die Königin der Blumen: Das Ortsbild wird von Rosen geprägt, rund 40 Rosenzuchtbetriebe bieten Hunderte von Rosenarten feil und selbst die Grundschule heißt Rosendorfschule. So verwundert es nicht, dass auch das Genussprogramm der Metzgerei Michel-Weitzel manch rosiges Schmankerl zu bieten hat, beispielsweise eine Rosenblüten-Leberwurst, aromatischen Rosenessig und edlen Rosenlikör. Wer also nach Steinfurth reist, sollte hier unbedingt Station machen, um auch die kulinarischen Seiten des Rosendorfes kennenzulernen.

Wie die Rose, ist auch die Metzgerei Michel-Weitzel seit Generationen mit Steinfurth verbunden. Heute sichern Stefan Weitzel mit Ehefrau Iris, Ulrike Kryts mit Ehemann Otmar sowie Seniorchefin Helga und Schwägerin Susanne Weitzel den Fortbestand des Familienbetriebes, der auch einen florierenden Cateringservice umfasst. „Wir bewirten jeden Gast mit großer Leidenschaft, den Geburtstag eines Steinfurther Nachbarn ebenso wie das Charity-Event in London mit 2500 Gästen", erläutert Ulrike Kryts den hohen Service-Anspruch der Familie. „Wir kümmern uns um alles, liefern Personal, Deko, Geschirr und Getränke. Und falls gewünscht, fahren wir sogar die letzten Gäste nach Hause ..."

Hochwertige Grundprodukte, traditionelle Herstellungsweisen, alte Familienrezepte und kreative neue Ideen – das sind die Ingredienzien für das Erfolgsrezept des Hauses. Die appetitanregende Ladentheke offeriert vielfältige Wurstspezialitäten, Qualitätsfleisch, küchenfertige Gerichte, trendige Wraps sowie einen täglich wechselnden Mittagstisch. Und sogar eine Essig- und Ölbar mit manch außergewöhnlicher Geschmacksnote ist zu entdecken.

Zu den Highlights des Sortiments gehören der berühmte Partyschinken des Hauses, das köstliche Spezialbrötchen mit gegrilltem Bauchfleisch und Krautsalat, würzige Kartoffel-Bratwurst und die leckeren geräucherten Fernseh-Würstchen.

Schon Hunger bekommen? Dann nichts wie hin ins Rosendorf!

Partyschinken & Krautsalat mit Rosenessig und Cranberrys

Das Rezept zur Spezialität des Hauses finden Sie auf Seite 71

Metzgerei Michel-Weitzel GmbH

Familien Weitzel & Kryts
Im Steckgarten 1
61231 Bad Nauheim-Steinfurth
☎ 0 60 32 / 8 24 32
📠 0 60 32 / 8 76 27
www.michel-weitzel-partyservice.de

Weidmann & Groh Edelobstbrennerei

Mit Gefühl und Intuition das Herz des Brandes erkennen

Alljährlich im Frühling verwandelt sich die kleine Gemeinde Ockstadt, ein Ortsteil von Friedberg, in ein weißes Meer aus Blüten. Tausende Kirschbäume zeigen sich dann in ihrem Sonntagsstaat – ein überaus sehenswertes Schauspiel, das die Menschen von weither anlockt.

Da liegt es nah, dass die Kirsche auch im Sortiment der Edelobstbrennerei von Reiner Weidmann und Norman Groh eine wichtige Rolle spielt. Das Ockstädter Kirschwasser zählt zu den beliebtesten Bränden des Familienbetriebs und zeigt, mit welcher Aromenintensität die pralle rote Frucht aufwarten kann. Das gilt natürlich auch für die übrigen Obstsorten, die hier zu Wässern, Geisten und Likören verarbeitet werden und fast alle aus dem eigenen Anbau stammen. Sie verwandeln sich in Himbeergeist und Mirabellenwasser, Williams Gold und Schwarzen Johannisbeergeist, Apfelweinbrand aus dem Eichenfass, Quitten-, Sauerkirsch- und Holunderblütenlikör.

Nicht minder anspruchsvoll: das Apfelwein-Angebot des Hauses. „Der Apfel hat aufgrund seines Sortenreichtums einen großen Aromenschatz zu bieten", erklärt Norman Groh, „den spiegeln wir mit sortenreinen Apfelweinen wider." Zum Beispiel mit einem Boskop Barrique mit feiner Holznote, prickelndem Apfelsecco oder der eleganten Champagnerrenette.

Ein guter Apfelwein entsteht nicht zuletzt im Keller, ein erstklassiger Brand wird im Brennkessel geboren. „Während des Brennvorgangs kommt es auf eine feine Sensorik an, auf den geschulten Geschmacks- und Geruchssinn des Brenners, der Rest ist Intuition für das Herzstück des Brandes", erläutert Reiner Weidmann den diffizilen Prozess. Beim Brennen kommt es nämlich darauf an, den wertvollen Mittellauf, das sogenannte Herzstück, vom nicht genießbaren Vor- und Nachlauf abzutrennen. Aktuellstes Projekt der umtriebigen Brenner: ein hauseigener Whiskey aus Wetterauer Getreide. Eine ganz neue Herausforderung, die die beiden sicher souverän meistern werden.

Weidmann & Groh Edelobstbrennerei
Reiner Weidmann & Norman Groh
Ober-Wöllstädterstraße 3
61169 Friedberg-Ockstadt
☎ 0 60 31 / 1 30 60
📠 0 60 31 / 77 03 96
www.brennerei-ockstadt.de

So schmeckt die Heimat: Die fruchtbare Seite der Großstadt

Schelmenhäuser Hofgut

Es sind nur wenige Kilometer von der pulsierenden City bis zu den ländlichen Stadtteilen im Osten Frankfurts und schon ist man im fruchtbaren Obst- und Gemüsegarten der Mainmetropole. Hier ist auch der Schelmenhäuser Hof der Familie Damm zu finden.

In den 1980er-Jahren übernahmen die Eltern von Andreas Damm den Hof, dessen Ländereien einst der Adelsfamilie Schelme von Bergen gehörten, und kultivierten ein ganz besonderes Gemüse, das man in dieser Region eigentlich nicht vermutet: Spargel.

Und doch gedeiht die edle Stange auf dem mineralreichen Löss-Lehmboden der Region vorzüglich. Er sorgt für stabile Temperaturen und einen gleichbleibenden Wasserhaushalt im Inneren der für den Spargelanbau typischen Dämme, was dem Aroma des sensiblen Gemüses zugutekommt.

Vier Jahre dauert es, bis ein Spargelfeld die erste Ernte einbringt. Los geht es dann ab Mitte April, und am Johannistag, dem 24. Juni, werden traditionell die letzten Stangen gestochen. Neben den beliebten weißen Sorten wird auch grüner und violetter Spargel angeboten, eine hierzulande noch seltene Züchtung aus Neuseeland, die besonders aromatisch schmeckt.

Ein verbraucherfreundlicher, noch dazu kostenloser Service erfreut sich seit vielen Jahren bei den Kunden größter Beliebtheit: Wer möchte, kann den Spargel gleich auf dem Hof schälen lassen. Nicht minder beliebt ist die große Auswahl an saftig-süßen Erdbeeren, die von Mai bis Ende Juni – ebenso wie der Spargel – täglich im Hofladen und an zwei Verkaufsständen in der Umgebung angeboten werden. Außerdem laden einige Felder zum Selbstpflücken ein.

Und nicht zuletzt ist die Familie Damm für ihre guten Kartoffeln bekannt. Frühe und späte Sorten, festkochend oder mehlig – Andreas Damm offeriert die ganze Palette des Erdapfels und beweist mit seinem Angebot einmal mehr, welch genussvolle Vielfalt seine Heimat zu bieten hat.

Schelmenhäuser Hofgut
Andreas Damm
Schelmenhäuserhof 1
60388 Frankfurt am Main
☎ 0 61 09 / 2 10 41
📠 0 61 09 / 37 68 03
www.schelmenhaeuserhof.de

Wetterauer Obstbrennerei

Zeit und Erfahrung sind die Basis eines guten Brandes

Seit jeher gehört die Wetterau zu Hessens fruchtbarsten Regionen. Unzählige Streuobstwiesen und Obstplantagen liefern Gutes von Baum und Strauch – und kreative Brenner wie Bernd Geckeler verwandeln die Ernte in hochprozentige Köstlichkeiten, die das Aroma von Apfel, Birne und Co. in die Flasche bannen.

Am Anfang eines guten Brandes steht immer die Qualität des Obstes. Nur hochreife und gesunde Früchte werden, zerkleinert und mit Reinzuchthefe versehen, zur Maische angesetzt, die dann für sechs bis acht Wochen vergärt, bevor es ans Brennen geht. Die Erfahrung des Destillateurs ist dabei der bedeutsamste Aspekt: „Ich spüre es, wenn der Mittellauf erreicht ist, das Herz des Brandes, das es abzuwarten gilt", erklärt er.

Im hauseigenen Hofladen sowie im Online-Shop stehen alle Brände und Liköre zur Auswahl: Kirsch-, Zwetschgen- und Mirabellenwasser etwa, Williams-Christ-Birne, Apfelwein- und Traubenbrand. Daneben Liköre aus Schlehe, Walnuss, Quitte und Schwarzer Johannisbeere. Zu den Rennern gehört die Kräuterhex, ein süßlicher, aber mit 56 Volumenprozent recht kräftiger Kräuterlikör.

Wer selbst genügend Obst zur Verfügung hat: Bernd Geckeler betreibt auch eine Lohnbrennerei und übernimmt für seine Kunden den kompletten Brennvorgang sowie die zollamtlichen Formalitäten.

Der rührige Diplom-Agrar-Ingenieur probiert immer wieder neue Geschmackssorten aus, besonders ungewöhnliche Grundprodukte – beispielsweise Pfefferminze, Zuckerrübe, Topinambur oder Kartoffel – haben es ihm angetan. Neueste Kreation: ein Wetterauer Rum, der seit Frühjahr 2012 zur Verkostung einlädt. Und auch das nächste Projekt steht bereits an: Bernd Geckeler plant erstmals einen Wetterauer Whiskey – man darf gespannt sein!

Auf Wunsch erstellt der einfallsreiche Brenner für seine Kunden auch individualisierte Etiketten. Ob Geburtstag, Hochzeit oder Firmenjubiläum – mit einem persönlichen Gruß oder dem Unternehmenslogo wird ein Brand aus der Wetterauer Obstbrennerei zu einem ganz persönlichen Präsent, das sicher viel Freude auslösen wird!

Wetterauer Obstbrennerei
Bernd Geckeler
Dorfelder Straße 55
61184 Karben
☎ 0 60 39 / 93 04 20
📠 0 60 39 / 93 04 21
www.wetterauer-obstbrennerei.de

Schöneck-Oberdorfelden

Sizilianisch-deutsche Sinnesfreuden in der Wetterau

Restaurant Zafferano

Viel italienischer Esprit, einige Prisen Experimentierfreude, ein hohes Maß an Küchenkunst und nicht zuletzt eine erfrischende Spontaneität bei der Auswahl hochwertiger Produkte – so könnte man das Erfolgsrezept von Antonino Vruna umschreiben. Der Sizilianer und seine Ehefrau Ulrike Becker begeistern schon seit über 20 Jahren mit einer modernen, innovativen Cross-over-Küche, welche die Einflüsse Italiens und Deutschlands und manch anderer Feinschmecker-Region der Welt zu einer köstlichen Genussmelange zusammenführt. Schon beim Betreten des gemütlichen Restaurants in Oberdorfelden spürt man die Freude an der Gastfreundschaft, die Antonino Vruna und Ulrike Becker ihren Gästen mit authentischer Herzlichkeit entgegenbringen. „Die Tür zur Küche steht immer offen, damit ich die Stimmung draußen mitbekomme. Außerdem lieben unsere Gäste den Blick auf das Geschehen in der Küche", erzählt Antonino Vruna lächelnd.

Seine beruflichen Erfahrungen sowohl in der deutschen als auch in der italienischen Top-Gastronomie haben ihn seinen ganz eigenen Kochstil entwickeln lassen. Vor allem seine Kreativität und der saisonale Warenkorb inspirieren ihn. So finden sich auf der handgeschriebenen Schiefertafel, die Ulrike Becker den Gästen an den Tisch bringt, eine abwechslungsreiche Menü- und À-la-carte-Auswahl mit Gerichten wie Schollenfilet mit hausgemachten Curry-Spaghetti, Kalbsnieren in Aceto-Balsamico-Sauce, Lammrücken unter der Pistazienhaube oder gefüllte Taube mit Trüffelchampignons.

Und auch das Auge darf mitessen. Mit großer Hingabe richtet der Küchenchef seine Gourmandisen zu echten Kunstwerken auf dem Teller an.

Das Thema Safran, Titelgeber des Restaurants (*zafferano* heißt auf Italienisch nämlich Safran), spiegelt sich im Restaurant vielfältig wider. Nicht nur die Wände sind krokusfarben, Antonino Vruna verarbeitet das kostbare Gewürz auch vielseitig in seinen einfallsreichen Kreationen und stellt Köstlichkeiten wie Safran-Essig, -Brot und -Likör her. Hier stimmt sie eben perfekt, die Mischung aus handwerklich hochwertiger Kochkunst und kreativer Genussfreude, die alle Sinne verwöhnt.

In Safransud mariniertes Skreifilet im Kataifiteigmantel

Das Rezept zur Spezialität des Hauses finden Sie auf Seite 72

Restaurant Zafferano
Antonino Vruna & Ulrike Becker
Alte Dorfstraße 11
61137 Schöneck-Oberdorfelden
☎ 0 61 87 / 99 00 34
📠 0 61 87 / 95 88 24
www.restaurant-zafferano.de

Deutsch-böhmische Genussvereinigung

Restaurant Schnittlik

Mit Spinat gefüllte Semmelknödel auf Pilzragoute

Das Rezept zur Spezialität des Hauses finden Sie auf Seite 71

Zunächst einmal ein kleiner Sprachkurs: Schnittlik ist Tschechisch und bedeutet Schnittlauch. Das sollte man wissen, wenn man das Restaurant Schnittlik in Schöneck besucht. Denn dann wundert man sich nicht so sehr, wenn schon gleich im Aperitif, dem spitzig-kühlen Schnittlik-Sekt, ein Schnittlauchhalm steckt. Im Genussprogramm des Hauses dreht sich nämlich vieles um die würzige Lauchpflanze, die für die Gastgeber Susanne und Karel Novak auch als Synonym für die frische, aromenreiche Sinnesküche des Hauses steht.

Die Bühne der anspruchsvollen Landküche: ein wunderhübsches Fachwerkhaus im Herzen von Kilianstädten, dessen Bausubstanz man behutsam erhalten hat. Offenes Gebälk und historische Mauern mit einem großen Kamin im Eingangsbereich bestimmen den Charme des Restaurants, dessen 40 Plätze sich auf zwei gemütliche Galeraume verteilen.

Dem gebürtigen Tschechen Karel Novak war es eine Herzensangelegenheit, als er sich mit Ehefrau Susanne nach 15 Jahren kulinarischer Wanderschaft 2007 in Kilianstädten niederließ, seine Heimat auch in seinem Speiseangebot zu spiegeln. Und so schlägt dieses eine Brücke von der Wetterau bis nach Böhmen mit Gerichten wie altböhmischer Kartoffelsuppe, Kalbstafelspitz in Schnittliksauce oder Palatschinken mit Preiselbeeren, Sauerrahmsauce und Vanilleeis. Auch die mediterrane Variation beherrscht Karel Novak souverän, dies beweisen kreative Kompositionen vom Lachstatar mit Grüner Soße und Algenkaviar bis zum Lammrücken mit Auberginen-Spinat-Torte in Knoblauchsahne. Die Speisekarte wird alle zwei Monate neu konzipiert und bietet neben der À-la-carte-Auswahl ein tschechisches und ein Schnittlik-Menü, ein vegetarisches sowie ein Fisch- und Fleischmenü.

Schon kurz nach der Eröffnung wurde das Konzept von Susanne und Karel Novak mit dem hessischen Gastronomiepreis als „beste Neueröffnung 2007" belohnt. Und man spürt auch heute noch: Hier haben echte Vollblutgastronomen eine Heimat gefunden, die zwei Nationen genussreich miteinander zu verbinden wissen.

Restaurant Schnittlik
Susanne und Karel Novak
Platz der Republik 2
61137 Schöneck-Kilianstädten
☎ 0 61 87 / 88 01
📠 0 61 87 / 88 01

Hessische Genießerfreuden in Reinkultur

Gasthaus Zur Krone

Die Entdeckungsreise führt ins schöne Ronneburger Hügelland – zum stattlichen Gasthaus Zur Krone der Familie Erdt in Hüttengesäß. Nur drei Kilometer entfernt von der romantischen Ronneburg ist die Krone selbst ein wichtiger Teil der Geschichte der Region. Bereits 1761 bewirtete das älteste Gasthaus Ronneburgs seine Gäste, 1904 gab es hier den ersten elektrischen Strom im Dorf, 1955 ein Kino, in den 1960er-Jahren einen Tanzsaal mit Live-Musik. Eine besondere Sehenswürdigkeit ist mitten im Gasthaus zu entdecken: ein neun Meter tiefer mittelalterlicher Brunnen, um den herum man einst das Haus erbaut hatte – eine Kuriosität mit Charme.

Seit 1993 leitet Küchenmeister und Metzger Reiner Erdt die Geschicke des Traditionshauses, unterstützt von seinen Eltern Otto und Ria Erdt, den Schwestern Monika und Elke sowie einem ambitionierten Team, das seine hohen Genuss- und Qualitätsmaßstäbe perfekt umzusetzen versteht. Das „Hessen-à-la-carte"-Mitglied widmet sich auf zeitgemäße Weise den guten Gaben der Region. „Heimatküche ist durchaus im Trend, wenn man sie modern interpretiert", erläutert Reiner Erdt seine Küchenphilosophie, die er auch gern als „hessischen Freistil" bezeichnet.

So arbeitet das Speisenangebot die saisonalen Highlights der Saison kreativ auf und besticht durch viele hausgemachte Spezialitäten: Wurst- und Schinkenspezialitäten aus der eigenen Metzgerei, Tauben aus eigener Zucht, Süßes aus der kreativen Patisserie-Abteilung, selbst gemachte Nudeln und, und, und ... Ob Rhöner Lammfilet im würzigen Bärlauchmantel, Maispoulardenbrust mit Schabzigernudeln oder hausgemachten Ronneburger Handkäse mit Schmandsauce nach Großmutters Rezept ... Hier kann man die Heimat kulinarisch auf vielseitige Art erleben.

Man speist im edel-rustikalen Restaurant, erholt sich im lauschigen Kronengarten und nächtigt in liebevoll eingerichteten Zimmern. Die Fotos an den Wänden hat Hobbyfotograf Reiner Erdt übrigens selbst geschossen! Sie widmen sich einmal mehr den schönen Seiten der Heimat, die im Gasthaus Zur Krone so facettenreich zu erleben sind.

Bei Niedertemperatur gegarte Lammkeule mit Semmelknödel

Das Rezept zur Spezialität des Hauses finden Sie auf Seite 72

Gasthaus Zur Krone
Reiner Erdt
Langstraße 7
63549 Ronneburg-Hüttengesäß
☎ 0 61 84 / 30 30
📠 0 61 84 / 6 26 75
www.hessenkrone.de

Restaurant Landhaus Knusperhäuschen

Gaumenfreuden zwischen Tradition und Moderne

Hirsch-Entrecotes mit Markkruste, Rotweinbirne und Kartoffelkroketten

Das Rezept zur Spezialität des Hauses finden Sie auf Seite 73

Schon der Name verheißt Genussvolles. Und diese Erwartung wird auch voll erfüllt im Landhaus Knusperhäuschen von Gaby und Harry Schmidt, das in einem ruhigen Wohngebiet am Ortsrand von Altenstadt-Oberau zu finden ist. Die pittoreske, fachwerkverzierte Außenansicht setzt sich im Inneren im behaglich-eleganten Restaurant fort. Dies ist die Bühne für die monatlich wechselnde Speisenauswahl, die mit einer À-la-carte-Auswahl, einem 3-Gang-Menü sowie täglich wechselndem Mittagstisch den jahreszeitlichen Warenkorb vielfältig inszeniert.

Die Balance zwischen Tradition und Moderne gelingt mit Gerichten wie Hirschrückensteak mit Kräuterseitlingen in Rotweinsauce, zu dem sich Kartoffel-Mohn-Krusteln gesellen, einem Duett von Wolfsbarsch- und Doradenfilet auf Basilikumpasta mit Tomatensauce oder einem Kalbsfilet mit mediterraner Gewürzkruste im schwarz-weißen Nudelnest auf Morchelrahm.

Eine Spezialität des Knusperhäuschens ist der traditionelle Gänsebraten von Martini bis Weihnachten, den Harry Schmidt seinen Gästen sogar als „Außer-Haus-Gericht" mit allen Beilagen anbietet.

Die Schmidts zeigen sich als engagierte Gastronomen mit einem sicheren Gespür für innovative Ideen, für die sie in der Region Vorreiter sind. Zu den etablierten Events gehören das Valentinstags- und das große Silvestermenü sowie der vierteljährliche Brunch, der mit einer reichen Auswahl an warmen und kalten Spezialitäten der jeweiligen Saison, einer Live-Kochstation und Schmankerln frisch vom Grill aufwartet.

Besonders heimelig geht es beim Märchenabend im Knusperhäuschen zu. In jedem Jahr überlegen sich die Gastgeber ein neues Motto – von Astrid Lindgren über Wilhelm Busch bis zu den Brüdern Grimm –, das kulinarisch und literarisch eindrucksvoll in Szene gesetzt wird und sich auch in einer liebevollen und detailreichen Dekoration widerspiegelt. Das jährliche Sommerfest auf der umgrünten Terrasse und der Friesenabend zu Jahresbeginn mit nordischem Buffet und maritimer Musik gehören ebenfalls zu den beliebten Highlights des Jahres, zu denen die Stammgäste aus weitem Umkreis den Weg ins charmante Landhaus Knusperhäuschen finden.

Restaurant Landhaus Knusperhäuschen
Familie Harry Schmidt
Lange Straße 45
63674 Altenstadt-Oberau
☎ 0 60 47 / 77 97
📠 0 60 47 / 98 66 62
www.landhausknusperhaeuschen.de

Feine Gourmandisen an heiliger Stätte

Restaurant Zum Heiligen Stein

Schokoladen-Dôme
Das Rezept zur Spezialität des Hauses finden Sie auf Seite 73

Ein wirklich mystischer Ort hat dem Restaurant Zum Heiligen Stein in Lich-Muschenheim seinen Namen verliehen. An landschaftlich reizvoller Stelle am Nordwesthang des Wetterbergkopfes bezeichnet der Heilige Stein ein 5 000 Jahre altes Megalithgrab aus der Jungsteinzeit, das heute als Teil des kulturhistorischen Wegs Muschenheim zum Besuch lädt.

Günstig gelegen zwischen der Münzenburg und dem Kloster Arnsburg, nur fünf Autominuten vom Gambacher Kreuz entfernt, befindet sich das Restaurant „Zum Heiligen Stein" in einer der schönsten Regionen Hessens. Die hauseigene Schafherde grast gerne rund um den Heiligen Stein und das zarte Lammfleisch ist eine wichtige Spezialität im Genussprogramm des Hauses: „Wir möchten mit regionalen Produkten eine anspruchsvolle Landküche bieten, die hohe Kochkunst mit der Einfachheit schmackhafter ländlicher Gerichte vereint", unterstreicht Geschäftsführer Boris Sauerborn. Küchenchef Maik Gehrke setzt diesen Anspruch in eine illustre Speisenauswahl mit einem Menü der Woche sowie einer kleinen, feinen À-la-carte-Auswahl um, die sich am saisonalen Warenkorb ausrichtet.

In der stimmigen Vereinigung mit Spezialitäten anderer Genussregionen und mediterranen Akzenten entstehen sinnesreiche Kompositionen wie Tatar vom Stralsunder Ostseehering auf Roter Bete und Avruga-Kaviar, aufgeschäumtes Erbsensüppchen mit Croustillant vom Heilbutt oder Lamm vom Heiligen Stein mit mediterranem Gemüse und Jus-Kartoffeln. Dazu empfiehlt Restaurantleiter Robert Knorr eine in der Hauptsache deutsche Weinauswahl, die sich den heimatverbundenen Aromen hervorragend anpasst.

Das Restaurant wurde auf den Grundmauern des einstigen Pfarrhauses von Muschenheim erbaut. Die Architektur nimmt behutsam Bezug auf die Historie und bietet zugleich ein lichtdurchflutetes, edles Ambiente, das mit klarer stilistischer Eleganz besticht. Bei schönem Wetter zieht es die Gäste hinaus auf die romantische Terrasse, die einmal mehr eine würdige Kulisse für die feinen Gaumenfreuden des Hauses bildet.

Restaurant Zum Heiligen Stein
Geschäftsführer:
Boris Sauerborn
Kirchberg 1 a
35423 Lich-Muschenheim
☎ 0 64 04 / 6 68 09 08
📠 0 64 04 / 6 68 06 04
www.zum-heiligen-stein.de

Vinexus Weinversand
Die weite Welt des Weines auf einen Klick

Ob Rheingau oder Baden, Chianti, Bordeaux, Kapregion oder Napa Valley – die vinophile Weltkarte ist bunt, auf allen Kontinenten finden sich Weinanbaugebiete mit ganz unterschiedlichem Terroir sowie Weine mit charakteristischen Aromen, die authentisch von ihrer Herkunft berichten. Wer nicht gleich zur Weinweltreise aufbrechen möchte, findet bei dem Online-Weinversandhandel Vinexus die ganze Welt des Weines auf wenigen Webseiten. Rund 4 000 Weine aus aller Welt sind hier zu entdecken: die prominenten Namen der Branche neben verheißungsvollen Newcomern, kostbare Grand Crus neben preiswerten Einsteigerweinen und prämierte, etablierte Tropfen neben heiß gehandelten Geheimtipps.

Alle wichtigen Regionen der alten und neuen Weinwelt sind vertreten, aber auch Länder, die hierzulande in Sachen Weinbau noch unbekannt sind, etwa Bulgarien oder Uruguay. Das riesige Lager in Langgöns hält derzeit rund 350 000 Flaschen aus 18 Ländern vor und eine ausgeklügelte Logistik garantiert die zügige Bestellabwicklung. „Heute bestellt – morgen ausgeliefert, das können wir fast immer garantieren", erklärt Dieter Stoll, Gründer und Geschäftsführer der Vinexus Deutschland GmbH. Durch regelmäßige Verkostungen wird das Sortiment immer wieder auf seine hohe Qualität hin überprüft und auch das Preis-Leistungs-Verhältnis streng bewertet. „Wir verstehen uns als interaktiven Fachhändler, der seine Kunden sachkundig berät", unterstreicht auch Marketingleiterin Katja Nasser. Bestellungen werden an 365 Tagen im Jahr per 24-Stunden-Hotline entgegengenommen, wer sich online durch das klar strukturierte Sortiment klickt, erhält viele nützliche Informationen, die eine Kaufentscheidung erleichtern.

Freitags und samstags öffnet der Outlet-Shop seine Pforten und lädt alle 14 Tage auch zur offenen Weinprobe am Samstag. Zudem finden hier monatlich Themen-Events statt, bei denen ausgesuchte Weine informativ vorgestellt und querverkostet werden.

Und am letzten Samstag im September treffen bei der Hausmesse „Vinexus Weinwelten" Winzer auf Weinliebhaber: Dann wird das weitläufige Lager zum Schauplatz spannender vinophiler Begegnungen.

Vinexus Deutschland GmbH
Geschäftsführer: Dieter Stoll
Perchstetten 5
35428 Langgöns
Bestell-Hotline
☎ 08 00 / 57 07 00 81 60
www.vinexus.de
www.das-wein-outlet.de

Asien zu Gast in der Wetterau

Restaurant Chin-Thai

Die kulinarische Entdeckungsreise macht einen Ausflug in die asiatische Küche: Seit 2005 bereichert das Restaurant Chin-Thai das gastronomische Angebot der Kreisstadt Friedberg. Im April 2012 kam in Linden bei Gießen ein zweites, größeres Restaurant mit demselben kulinarischen Konzept hinzu. Das Ambiente zeigt sich im modernen, trendigen Asia-Style, mit einer effektvollen Lichtgestaltung sowie hellen, warmen Farben. Ein besonderer Hingucker in Friedberg ist ein Glasboden, unter dem Goldfische ihre Runden drehen.

„Mit dieser zeitgemäßen Präsentation der traditionellen chinesischen Küche und einem hohen Servicegedanken verankern wir uns fester im Gedächtnis unserer Kunden", unterstreicht Inhaber An Dong seine Philosophie, die ihm viele Stammgäste aus dem weiten Umkreis beschert hat.

Und die kommen vor allem wegen des großen mongolischen Buffets, das hier am Abend sowie an Sonn- und Feiertagen auch mittags aufgetischt wird – bislang noch eine Besonderheit in der Region. Die Gäste wählen aus vielfältigen, noch rohen Zutaten ihre Favoriten aus, übergeben den Teller dem Koch an der Grillstation und dieser bereitet dann das individuelle Gericht à la minute zu. Frischer geht es nicht. Zur Auswahl stehen Fisch und Meeresfrüchte, Geflügel, Lamm, Rind und Schwein. Als weitere Ingredienzen bieten sich verschiedenste Gemüsesorten, gebratene Nudeln und mehrere Saucen an. Und während man auf das Essen wartet, kann man mit etwas Sushi starten oder schon mal planen, wie viel Platz im Magen man noch für das Dessert reservieren sollte.

Des Weiteren ist das Chin-Thai für seine Peking-Ente bekannt, die in einem original chinesischen Entenofen zubereitet wird. Sie bedarf stets der Vorbestellung wegen der besonderen Art der Zubereitung. Zunächst wird die Ente in eine eigens entwickelte Gewürzmischung eingelegt, dann gekocht und schließlich im Ofen gegrillt. So bleibt das Fleisch innen zart und die Haut wird kross und knusprig. Eine asiatische Köstlichkeit, die auch in der Wetterau bestens ankommt.

Restaurant Chin-Thai
An Dong
Robert-Bosch-Straße 19
35440 Linden
☎ 0 64 03 / 7 74 88 82
📠 0 64 03 / 7 74 88 79
www.chin-thai.com

Weitere Filiale:
Hanauer Straße 15
61169 Friedberg
☎ 0 60 31 / 77 27 38
📠 0 60 31 / 77 27 58

Rosentrüffel

Confiserie Odenkirchen, S. 44

Zutaten für ca. 100 Trüffel

180 g Sahne | 60 g Glukosesirup (beim Konditor erhältlich) | 120 g Vollmilch-Kuvertüre | 180 g weiße Schokolade (Kuvertüre) | 40 g Butter | 50 g Champagner (oder auch Sekt) | 1–2 Tropfen Rosenöl, alternativ Rosenwasser (gibt's in der Apotheke) | je 100–150 g Zartbitter-, Vollmilch- und weiße Kuvertüre) | 50 g Bio-Rosenblüten | ca. 100–120 Pralinenschalen-Hohlkörper

Zubereitung

Zunächst die Sahne mit dem Sirup vorsichtig aufkochen lassen. Vollmilch- und weiße Schokolade (Kuvertüre) mit einem Messer grob klein schneiden. Nun die heiße Sahne-Sirup-Mischung über die gehackte Kuvertüre geben, ab und an leicht umrühren. Diese Trüffelmasse bis auf circa 40 °C abkühlen lassen, die weiche Butter zugeben und vorsichtig umrühren (nicht schaumig rühren!). Champagner und Rosenöl ebenfalls einrühren.

Die Masse nun in die vorbereiteten Pralinenschalen füllen (bis circa 1 Millimeter unter dem Rand) und für eine Nacht ruhen lassen (nicht im Kühlschrank kühl stellen!).

Am nächsten Tag die drei Kuvertüren getrennt über dem heißen Wasserbad schmelzen und dann konstant auf circa 32 °C temperieren. Nun die gefüllten Pralinenschalen damit schließen. Die Rosenblüten grob hacken und auf die noch weiche Schokolade streuen.

Wenn diese Schoko-Dekoration fest geworden ist, sind die Rosentrüffel fertig und zum Genießen bestimmt!

Jakobsmuscheln mit Essig-Feldfrüchten, Pesto und Paprikacreme

hot and cold – finest catering, S. 46

Zutaten

16 frische Jakobsmuscheln | etwas Mehl | Öl zum Anbraten | 1 Knoblauchzehe | Thymian | Saft 1/ Zitrone | 50 g Butter | frischer Dill | Salz
Pesto *1 Bund Basilikum | 1 Knoblauchzehe | 100 g Pinienkerne | 150 ml Olivenöl | geriebener Parmesan | Salz*
Paprikaschaum *5 rote Paprikaschoten | 1 Knoblauchzehe | Thymian | 100 ml Sahne | 25 g ProEspuma Calent | Gewürze nach Wahl: Salz, Pfeffer …*
Essig-Gemüse *1 Zucchini | 1 Aubergine | 1 Bund Frühlingslauch | 1 Strunk Honig-Kirschtomaten | Olivenöl zum Anbraten | 1 Knoblauchzehe | 50 ml Balsamessig | 100 ml Gemüsebrühe | Thymian, Rosmarin | Salz*

Zubereitung

Zunächst die frischen Jacobsmuscheln aus der Schale lösen, Innereien und Bart entfernen und gründlich unter fließendem Wasser abspülen, dann kaltstellen. Sie können natürlich auch bereits ausgelöste Muscheln kaufen.

Für das Pesto das Basilikum abbrausen und trockentupfen, Knoblauchzehe schälen. Dann beides mit den Pinienkernen und dem Olivenöl zu einer Paste mixen, mit Salz und etwas geriebenem Parmesan abschmecken.

Die roten Paprikaschoten für circa 12 Minuten bei 200 °C im Ofen schmoren, abkühlen lassen und dann die Haut abziehen. Das Fleisch in kleine Stücke schneiden und mit klein gehacktem Knoblauch, etwas Thymian, Sahne und Gewürzen nach Wahl fein pürieren, danach durch ein feines Sieb streichen und die Masse nun auf 80 °C erhitzen. Dann das Pro Espuma Calent hinzufügen, in eine Sahneschaum-Flasche (Easy Whip) geben und warm stellen.

Das Gemüse waschen, Zucchini und Aubergine in gleich große Würfel schneiden, Frühlingslauch in etwa 3 Zentimeter große Stücke schneiden, zusammen mit den Kirschtomaten scharf in Olivenöl anbraten, mit gehacktem Knoblauch, Salz, Thymian und Rosmarin abschmecken, mit Balsamessig ablöschen, dann die Gemüsebrühe aufgießen. Das Gemüse in dem Sud gar ziehen lassen.

Die Jacobsmuscheln leicht mehlieren und auf beiden Seiten scharf in Olivenöl anbraten. Salzen und mit etwas gehacktem Knoblauch, Thymian und Zitronensaft abschmecken und die Butter hinzugeben.

Nun das Ganze dekorativ anrichten und mit etwas Dill garnieren!

Partyschinken & Krautsalat mit Rosenessig und Cranberrys
Metzgerei Michel-Weitzel, S. 48

Mit Spinat gefüllte Semmelknödel auf Pilzragout
Restaurant Schnittlik, S. 58

Zutaten für 5 Personen
Partyschinken *1 Partyschinken**
Krautsalat *1 kg Weißkohl | 22 g Salz | 15 g Zucker | 330 g Mayonnaise | 100 g fein geschnittene Schalotten | 100 getrocknete Cranberrys | 70 ml Rosenessig (gibt es in der Metzgerei Michel-Weitzel)*

Zubereitung
Den bereits fertig gewürzten Partyschinken auspacken. Die Schwarte erst längs, dann quer einschneiden, sodass circa 1 Zentimeter große Karos entstehen. Den Schinken mit der Schwartenseite nach oben auf ein mit Alufolie abgedecktes Backblech legen, damit der Schinken im eigenen Sud braten kann.
Die Bratzeit richtet sich nach dem Gewicht des Schinkens: Ein Schinken mit 2 bis 3 Kilogramm kommt bei 150 °C für 1,5 bis 2 Stunden in den Ofen. Ein Schinken mit 3,5 bis 5,5 Kilogramm benötigt 2,5 bis 3 Stunden, ein Schinken ab 6 Kilogramm 3 bis 3,5 Stunden.
Für den Krautsalat den Kohlkopf zerteilen, den Strunk herausschneiden und das Weißkraut in Portionen fein hobeln. Dann mit Salz und Zucker bestreuen und so lange mit den Händen durchkneten, bis Saft austritt und das Kraut richtig feucht ist. Anschließend für 15 Minuten stehen lassen. Dann das Kraut ausdrücken und den überschüssigen Saft abgießen.
Für die Marinade die Mayonnaise mit den Schalotten und den Cranberrys sowie dem Rosenessig gut verrühren, dann über den Krautsalat geben und durchmischen.
Den Partyschinken – am besten mit einem elektrischen Messer – in Scheiben schneiden und mit dem Krautsalat servieren. Auch Frankfurter Grüne Soße (gibt's natürlich in der Metzgerei Michel-Weitzel) passt hervorragend dazu.

Tipp Der Party-Schinken ist eine besondere Spezialität der Metzgerei Michel-Weitzel. Er wurde vor vielen Jahren von Seniorchef Werner Weitzel in Anlehnung an den schwedischen Weihnachtsschinken entwickelt (das Rezept ist natürlich streng geheim!) und hat sich als absoluter Renner im Genussprogramm des Hauses etabliert. Da der Schinken so beliebt ist, wird er mittlerweile deutschlandweit versandt.

Zutaten
Semmelknödel *300 g Blattspinat | 2 Schalotten | 1 EL Butter | 1 Knoblauchzehe | Salz, weißer Pfeffer, Muskatnuss | ca. 100 g Butter | 300 g Knödelbrotwürfel (gibt es bereits fertig zu kaufen, z. B. von Leimer) | 300 ml Milch | 3 Eier*
Pilzragout *jeweils 1 Handvoll Pfifferlinge, Steinpilze, Steinchampignons, Austernpilze, Stockschwämmchen | 2 EL Rapsöl | 400 ml Sahne | 1 große Fleischtomate | je 1 EL Petersilie, Schnittlauch, Kerbel, klein geschnitten | Salz, Pfeffer*

Zubereitung
Für die Knödel den Spinat waschen und die Stiele entfernen. Schalotten klein schneiden und in einem großen Topf in Butter anschwitzen. Die Knoblauchzehe schälen und zerdrücken, zu den Schalotten geben. Nun den Spinat hinzufügen, den Deckel auflegen und Spinat zusammenfallen lassen. Mit Salz, Pfeffer und frisch geriebener Muskatnuss abschmecken, dann in einem Sieb abtropfen lassen. Abkühlen lassen, 8 Spinatkugel daraus formen und diese einfrieren! Daher die Spinatkugeln am besten einen Tag zuvor vorbereiten.
50 Gramm Butter zerlassen und über die Knödelbrotwürfel gießen. Mit Salz, Pfeffer und frisch geriebener Muskatnuss würzen. Milch und Eier verquirlen, auf die Masse gießen, für 10 Minuten quellen lassen und dann zu einer kompakten Masse verkneten. Diese zu 8 Knödeln formen, mit den gefrorenen Spinatkugeln füllen und gut verschließen. In kochendem Salzwasser maximal 8 Minuten sieden lassen, dann herausnehmen und abtropfen lassen. Abschließend in der restlichen Butter von allen Seiten goldbraun braten.
Für das Pilzragout die gesäuberten und geputzten Pilze in gleich große Stücke schneiden und in einer großen Pfanne in Rapsöl anbraten. Salzen und pfeffern, die Sahne angießen und leicht einkochen lassen. Tomate häuten, entkernen und in kleine Würfel schneiden. Dann die Kräuter und die Tomatenwürfel in die Sauce geben und sofort zu den Knödeln servieren.

In Safransud mariniertes Skreifilet im Kataifiteigmantel
🏠 Restaurant Zafferano, S. 56

Zutaten
4 Skreifilets à 180 g (Skrei ist ein Winterkabeljau aus Norwegen, der nur im Januar und Februar erhältlich ist, ersatzweise können Sie natürlich auch Kabeljau verwenden)
Safransud *1 kleine Zwiebel/Schalotte* | *1 Knoblauchzehe* | *50 g Butter* | *0,1 g Safranfäden (ca. 25 Stück)* | *200 ml Weißwein* | *Salz, Pfeffer*
Kataifiteigmantel *120 g Kataifiteig (erhältlich in türkischen oder griechischen Lebensmittelgeschäften)* | *Olivenöl*

Zubereitung
Die Zwiebel und Knoblauchzehe schälen und fein würfeln, dann langsam in der zerlassenen Butter glasig dünsten. Anschließend die Safranfäden zugeben und kurz mitbraten. Alles mit Weißwein ablöschen, salzen und pfeffern, dann abkühlen lassen.
Die Fischfilets in diesem Safransud für 1 bis 1,5 Stunden marinieren, dabei mehrmals wenden.
Den Kataifiteig in 4 gleich große Stücke zerteilen und ganz dünn ausbreiten. Die Fischfilets aus dem Sud nehmen, mit etwas Zwiebel-Knoblauch-Marinade auf den Kataifiteig legen und dann vorsichtig einwickeln. Mit etwas Olivenöl beträufeln und auf ein mit Backpapier ausgelegtes Backblech legen.
Im Backofen bei 180 °C circa 10 Minuten garen. Zum Servieren in zwei Hälften teilen und dekorativ anrichten.
Dazu passt ein mediterraner Salat sowie als Getränk ein leichter Weißwein.

Bei Niedertemperatur gegarte Lammkeule mit Semmelknödel
🏠 Gasthaus Zur Krone S. 60

Zutaten
Marinade *4 Knoblauchzehen* | *je 1 Rosmarin- und Thymianzweig* | *5 EL Öl*
Röstgemüse *2 Karotten* | *2 Zwiebeln* | *1/4 Sellerieknolle*
Fleisch & Sauce *Lammkeule, ca. 1,5 kg* | *1 EL Tomatenmark* | *500 ml Rotwein* | *Rotwein oder Schwarzbier zum Begießen* | *etwas kalte Butter zum Binden*
Semmelknödel *10 altbackene Brötchen* | *400–500 ml warme Milch* | *1 TL feine Zwiebelwürfel* | *1 EL gehackte Petersilie* | *50 g Butter* | *3 Eier* | *etwas Mehl* | *Pfeffer, Salz*

Zubereitung
Die Knoblauchzehen schälen und hacken. Die Kräuter ebenfalls klein hacken. Mit Öl, Salz und Pfeffer mischen. In diese Marinade die Lammkeule einen Tag vor der Zubereitung einlegen, damit sie gut durchziehen kann.
Das Röstgemüse schälen und in walnussgroße Stücke schneiden. Die Lammkeule aus der Marinade nehmen, in einem Bräter von allen Seiten anbraten, dann herausnehmen. Das Röstgemüse im Bratensatz goldbraun anbraten. Das Tomatenmark hinzufügen, kurz mitschwitzen lassen, dann mit Rotwein ablöschen. Die Sauce etwas einreduzieren. Dann die Lammkeule wieder in den Bräter geben, diesen mit Wasser zu einem Drittel befüllen und dann bei 90 bis 100 °C im vorgeheizten Ofen etwa fünf Stunden garen. Dabei zwischendurch nach Belieben mit Rotwein oder Schwarzbier begießen. Ideal ist eine Kerntemperatur des Bratens von 75 °C.
Brötchen in ganz feine Scheiben schneiden, mit der warmen Milch übergießen und mit Salz würzen. Etwas ziehen lassen. Die Zwiebelwürfel mit Petersilie in Butter andünsten und zur Semmelmasse geben. Mit den Eiern zu einem nicht allzu festen Teig verarbeiten. Bei Bedarf etwas Mehl zugeben und mit Salz abschmecken. Mit nassen Händen gleich große Knödel formen und gut abdrehen, damit sie sich nicht auflösen. In kochendes Salzwasser einlegen, nach dem Aufkochen den Deckel aufsetzen, Topf vom Feuer nehmen und die Knödel in 10 bis 15 Minuten gar ziehen lassen.
Das Lamm aus dem Ofen holen, kurz ruhen lassen. Für die Sauce den Bratensatz in einen Topf absieben, etwas kalte Butter hinzugeben und mit einem Pürierstab montieren (abbinden).

Hirsch-Entrecotes mit Markkruste, Rotweinbirne und Kartoffelkroketten

Restaurant Landhaus Knusperhäuschen, S. 62

Zutaten
8 Entrecotes vom Hirsch à 70 g | 20 g geschälte Mandeln, gemahlen | etwas Pflanzenöl | Salz, Pfeffer
Markkruste 200 g Mark von Kalbsknochen | 2 Eigelb | 60 g Weißbrot vom Vortag, fein gerieben | 60 g ungeschälte Mandeln, gemahlen | 1 EL Petersilie, gehackt | Salz, Pfeffer
Rotweinbirne 2 Williams-Christ-Birnen | 65 g Zucker | 300 ml Rotwein | etwas Zitronenschale | 1 Zimtstange | 2–3 Nelken
Kroketten 500 g mehlig kochende Kartoffeln | 2 Eigelb | 10 g Butter | Öl zum Frittieren | Salz, Pfeffer, Muskatnuss

Zubereitung
Für die Kruste das Mark klein schneiden, bei geringer Hitze in einem Topf zerlassen und dann durch ein feines Sieb streichen, erkalten lassen. Das erkaltete Mark im Mixer schaumig rühren, nach und nach erst das Eigelb, dann Brotbrösel, Mandeln und Petersilie unterrühren, salzen und pfeffern.
Birnen schälen, halbieren, Gehäuse entfernen. Zucker in einem Topf karamellisieren lassen, mit Rotwein ablöschen, die Aromaten hinzugeben und die Birnen in dem Sud langsam garen (nicht zu weich), abkühlen lassen.
Für die Kroketten Kartoffeln waschen und in wenig Wasser circa 20 Minuten garen. Abgießen, gut ausdampfen lassen, pellen und noch warm durch die Kartoffelpresse drücken. Mit Eigelb, Butter und den Gewürzen vermischen. Die lauwarme Masse zu 2 Zentimeter dicken Rollen formen, auskühlen lassen. Dann in 2 Zentimeter lange Stücke schneiden.
Fleisch salzen und pfeffern. Öl erhitzen, die Entrecotes von jeder Seite 30 Sekunden braten. Mark auf der Oberfläche verteilen, mit Mandeln bestreuen. Bei 150 °C im vorgeheizten Ofen auf mittlerer Schiene 7 bis 8 Minuten braten. Kroketten im auf 180 °C erhitzten Öl goldbraun frittieren, herausheben und abtropfen lassen. Je zwei Entrecotes, eine halbe Birne und ein paar Kroketten auf dem Teller arrangieren und servieren. Dazu passt ein frischer Feldsalat.

Schokoladen-Dôme

Restaurant Zum Heiligen Stein, S. 64

Zutaten für ca. 24 Stück
Dunkle Schokoladenmousse 150 g schwarze Kuvertüre (52 % Kakaobutteranteil) |
250 g Sahne | 90 g Eigelb | 30 g Zucker
Weiße Schokoladenmousse 150 g weiße Kuvertüre | 2–3 Blatt Gelatine | 250 g Sahne | 90 g Eigelb | 30 g Zucker | je nach Geschmack noch ein Schuss Orangenlikör
Glasur 100 g schwarze Kuvertüre | 100 g Kokosfett

Zubereitung
Die Herstellung der beiden Mousses ist identisch. Jeweils die Kuvertüre in einer Schüssel über heißem Wasserbad langsam auflösen. Die Gelatine für die weiße Mousse in kaltem Wasser einweichen.
Die Sahne halbfest aufschlagen. Das Eigelb mit dem Zucker cremig-fest aufschlagen, dann die aufgelöste Kuvertüre – bei der weißen Mousse zusätzlich die ausgedrückte Gelatine – schnell unter die Ei-Zucker-Masse rühren. Zum Schluss vorsichtig die Sahne unterheben und je nach Geschmack mit Orangenlikör abschmecken.
Herstellung des Dôme:
Bitte zuerst die dunkle Mousse au chocolat herstellen und in eine halbmondförmige Silikonmatte einfüllen, dann komplett erstarren lassen. Erst im Anschluss die weiße Mousse herstellen, diese dann über die dunkle Mousse einfüllen und wieder komplett erstarren lassen. Gute 2 bis 3 Stunden durchkühlen lassen und dann à la minute vor dem Servieren aus der Silikonmatte stürzen. Kuvertüre und Kokosfett über dem Wasserbad schmelzen und zu einer homogenen Masse verrühren, dann den Dôme damit vorsichtig glasieren.

Entdeckungstour entlang der Lahn ...

Deutschland ist eine so vielfältige Kulturlandschaft, dass es sich immer lohnt, auch mal abseits der eigentlichen Reiseroute auf Entdeckungsreise zu gehen. Zum Beispiel im Marburg-Gießener-Lahntal, das sich von der Wetterau nach Norden erstreckt und dem sich im Osten der Vogelsberg anschließt. In diesem Teil des 245 Kilometer langen Flusslaufes von der Quelle im Rothaargebirge bis zur Mündung in den Rhein bei Lahnstein passiert die Lahn die Städte Wetzlar, Gießen und Marburg und wird flankiert von den Lahnbergen im Westen und dem bis zu 370 Meter ansteigenden Marburger Rücken im Osten.

So wie der Flusslauf sich auf die Ansiedlung von Menschen an seinen Ufern auswirkte, so entschieden auch die Herrschenden dieser Region über Gedeih und Verderb der Bewohner. Mächtige Burgen, aus denen sich später herrschaftliche Schlösser entwickelten, sicherten Hoheitsgebiete und die Ausbildung wohlhabender Städte. Und so sind viele Sehenswürdigkeiten, die der Besucher heute bewundert, ein Spiegel der Geschichte, der uns eintauchen lässt in die Vergangenheit.

So wird, wer durch Marburgs Oberstadt schlendert, ins Mittelalter zurückversetzt, wenn er auf Kopfsteinpflaster durch enge Gassen wandelt, vorbei an prächtigen Fachwerkfassaden bis hin zum belebten Marktplatz und dem gotischen Rathaus, von dessen Renaissance-Giebel der Rathausgockel zur vollen Stunde die Zeit herabkräht.

Der Blick hinauf zum imposanten Landgrafenschloss liefert einen guten Überblick über die Entwicklung der deutschen Burgenarchitektur. Aus einer frühen Höhenburg entwickelte sich unter der Ägide der Landgrafen von Hessen, die Marburg zur ihrer Residenz erhoben, mit den Jahrhunderten ein weitläufiges Schloss, das die verschiedensten Stile und Epochen zeigt und mit dem Fürstensaal den größten gotischen Profansaal des Landes zu bieten hat.

Vieles dreht sich in Marburg um eine ganz besondere Frau: die heilige Elisabeth. Nach dem Tod ihres Gatten, des Landgrafen von Thüringen, zog es die ungarische Königstochter nach Marburg, wo sie bald für ihre Güte und Mildtätigkeit verehrt wurde. An der Stelle, an der man sie 1231 begraben hatte, ließ der Deutsche Orden ihr zu Ehren eine Kirche bauen – es war der erste rein gotische Sakralbau Deutschlands. Nur vier Jahre nach ihrem Tod wurde Elisabeth heiliggesprochen.

Wetzlar

Marburg

Marburg

Auch in Wetzlar machen enge Gässchen, steile Treppen, pittoreske Plätze den Charme der Altstadt aus. Ein Rundgang schlägt den kulturhistorischen Bogen vom romanischen Dom bis zu barocken Bürgerhäusern, von der spätklassizistischen Hauptwache bis zu reich verzierten Fachwerkfassaden und streift dabei häufig die Lebens- und Liebesstationen des jungen Goethe, der 1772 im Reichskammergericht des Heiligen Römischen Reiches Deutscher Nation ein Praktikum absolvierte und sich dabei unsterblich in die – bereits verlobte – Lotte Buff verliebte. Eine unglückliche Liaison, die ihm später als Vorlage für seinen Werther diente. Hier in Wetzlar mündet das kleine Flüsschen Dill in die Lahn und lädt zu weiteren Entdeckungstouren ein. Zum Beispiel nach Dillenburg, dessen interessante Stadtgeschichte eng mit dem niederländischen Königshaus verknüpft ist! Aus der mittelalterlichen Burg, die dem Städtchen seinen Namen gab, erwuchs im 16. Jahrhundert ein herrschaftliches Schloss der Grafen von Nassau-Dillenburg, in das sich Wilhelm von Oranien, ein gebürtiger Dillenburger, ins Exil zurückzog und von dem aus er den Widerstand der Niederlande gegen die Spanier organisierte, die sein Land unterdrückten. 1760 wurde das Schloss zerstört. Lediglich das alte Stockhaus, das Gefängnis, sowie die Kasematten, die unterirdischen Verteidigungsanlagen, sind erhalten geblieben. Seit 1875 erhebt sich auf dem Schlossplatz der imposante Wilhelmsturm zum Andenken an Wilhelm von Oranien mit einem Museum zur engen Geschichte der Häuser Oranien-Nassau.

Aus den Überresten des Schlosses indes errichtete man barocke Wohnhäuser entlang der Wilhelmstraße, hinter deren Mauern heute eine ganz besondere Institution zu finden ist: das inzwischen einzige hessische Landesgestüt.

Pferdezucht wird in Dillenburg bereits seit dem 16. Jahrhundert erfolgreich betrieben. Seit 1869 Landesgestüt, sieht sich der Betrieb heute als modernes Kompetenzzentrum für Züchter und Pferdesportler. Auf dem zehn Hektar großen Areal mit dem historischen Prinzenbau, Marstall und Reithaus – in der Orangerie im Hofgarten befindet sich ein Kutschenmuseum – leben die stattlichen

Lahn und Dill

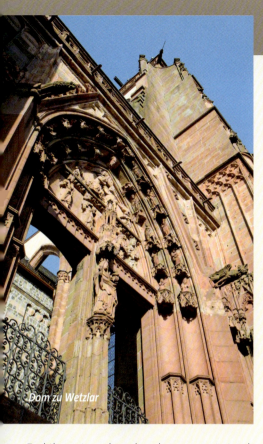
Dom zu Wetzlar

Weilburger Schloss

Dillenburg

Zuchthengste und werden als sogenannte Landbeschäler eingesetzt. Kurz: sie decken rossige Stuten. Kein schlechter Job, will man meinen. Alle zwei Jahre lädt das Gestüt zur großen Hengstparade, regelmäßig finden auch Einspännerturniere und Dressurvorführungen statt.

Zurück zur Lahn. Folgt man ihrem Lauf in südlicher Richtung, erhebt sich unweit von Wetzlar Schloss Braunfels auf einem Basaltfelsen, das mit seinen unzähligen Türmen und Zinnen einem Grimm'schen Märchen entsprungen sein könnte. Die mächtige Anlage wird von zahlreichen Fachwerkhäuschen umgeben, die zum Teil noch in die äußeren Burgmauern einbezogen sind und sich auch den gesamten Burgberg hinunterziehen. Die Grafen zu Solms-Braunfels, noch heute Eigentümer der Burg, nutzten sie zunächst als Wehr-, später als Wohnburg, bauten sie barock und schließlich neugotisch aus. Ein Rundgang durch Rittersaal, Gemächer und Gemäldegalerie mit wertvollen Kunstwerken, die Schlosskirche und das Familienmuseum bietet viele spannende Ansichten.

Südlich von Wetzlar wird das Lahntal stetig enger. In Weilburg „bindet" die Lahn eine große Schleife in den Flusslauf und lässt eine Art Halbinsel entstehen, auf dessen Gipfel das Weilburger Schloss thront, über Jahrhunderte hinweg Sitz des Hauses Nassau, das Weilburg zur Residenz erhob, die mittelalterliche Burganlage zu einem herrschaftlichen vierflügeligen Hochschloss im Stil der nordischen Renaissance ausbaute und später um barocke Elemente ergänzte, die sich zu einem prachtvollen Gesamtbild zusammenfügen. Der im französischen Gartenstil angelegte Schlosspark erstreckt sich über mehrere Terrassen und lädt noch immer ein zum Lustwandeln. Alljährlich im Sommer werden die Schlosskirche und der Renaissancehof zum Schauplatz der renommierten Weilburger Schlosskonzerte, zu denen sich prominente Vertreter der (meist) klassischen Musik einfinden. Und noch ein Tipp zum Schluss: Im Stadtteil Kubach wird die weltweit größte Nachbildung der berühmten Terrakotta-Armee außerhalb Chinas gezeigt. Zu sehen sind u. a. Repliken von über 350 lebensgroßen Soldaten, 36 Pferden und zwei Bronzekutschen.

Köstliche Markenzeichen der Region

Käserei Heinrich Birkenstock

Rund, goldgelb, nicht größer als ein Handteller – und doch ein ganz wichtiges Markenzeichen der Region: der Handkäse, seit jeher fester Teil des hessischen Genussprogramms. Ob pur auf knusprigem Bauernbrot, „mit Musik", also einer Marinade aus Essig, Öl, Kümmel und Zwiebeln, oder überbacken als würzige Haube auf dem Schnitzel – der gesunde, kalorienarme Sauermilchkäse ist eine vielseitige kulinarische Spezialität.

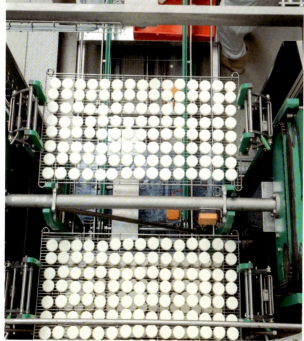

Die Käserei Heinrich Birkenstock in Hüttenberg versteht sich seit über 50 Jahren auf die Herstellung von Handkäse und gehört heute zu den wenigen, noch familiengeführten Handkäsereien in Hessen. Mit traditionsreichen Rezepturen, einer köstlichen Sortenvielfalt und dem sicheren Gespür für die Bedürfnisse des Marktes, dies- und jenseits der Ländergrenzen, behauptet das 1959 gegründete Familienunternehmen seinen Platz in der Branche und operiert inzwischen weltweit. Große Supermarktketten gehören ebenso zu den Kunden wie Bio-Lebensmittelläden und Einzelhändler. Dabei hat jeder Markt seine eigenen Vorlieben. „Die Österreicher lieben Paprika auf dem Handkäse, in Deutschland wird Kümmel bevorzugt", erklärt Molkereifachmann Klaus Birkenstock, der das Familienunternehmen seit 1991 gemeinsam mit seinem Schwager Lothar Weber leitet.

Zum Angebot gehören verschiedene Handkäsevariationen, Edelschimmel- und Halbschimmelkäse, darunter Olmützer Quargel, Mainzer Käse mit Kümmel oder Harzer Bauernhandkäse, Landkorbkäse Edelschimmel oder Kochkäse. Ausgangsprodukt eines Handkäses ist stets ein hochwertiger Sauermilchquark, der zerkleinert, mit Reinkulturen und Reifungssalzen versetzt und dann zu Talern oder Stangen geformt wird. Früher geschah dies ausschließlich per Hand, woraus sich der Name Handkäse ableitete. Dann reift der Käse bis zu einer Woche lang dem Genuss entgegen. Dabei gilt: Je reifer ein Handkäse, umso aromatischer ist er. Doch egal ob jung oder gereift, mit oder ohne Musik … der Handkäse ist eine äußerst leckere Köstlichkeit, die auch der Nicht-Hesse schnell zu schätzen lernt.

Käserei Heinrich Birkenstock GmbH
Klaus Birkenstock
Werrastraße 6
35625 Hüttenberg
☎ 0 64 03 / 7 88 00
📠 0 64 03 / 78 80 19
www.kaeserei-birkenstock.de

Restaurant Belli's Bootshaus

Italienische Lebensfreude an der Lahn

🍴 **Zimt-Mohn-Parfait**
Das Rezept zur Spezialität des Hauses finden Sie auf Seite 102

Ein Besuch in Belli's Bootshaus in Wetzlar – da sind sich die vielen Stammgäste sicher – ist wie ein Kurzurlaub in Italien. Wer an einem sonnigwarmen Tag auf der Terrasse Platz nimmt, fühlt sich flugs in mediterrane Gefilde versetzt. Der Fluss fließt gemächlich dahin, Ruderer passieren mit sportlichem Eifer, gelassen beobachtet von ein paar Enten, die es nicht so eilig haben.

Jung und Alt trifft sich gern in dem historischen Bootshaus direkt an der Lahn: Geschäftsleute genießen die Ruhe unweit der Innenstadt, Rad- und Ruderwanderer kehren am Nachmittag zu Kaffee und Kuchen ein und am Abend treffen sich Genießer in geselliger Runde.

Oliver Belli, Sohn des ersten Pizzabäckers von Wetzlar, vermag es gekonnt, südliche Lebensfreude mit hessischer Gemütlichkeit zu einer kosmopolitischen Genussliaison zu verschmelzen. Trendige Loungemöbel auf der Terrasse und ein stilvolles, klares Designkonzept im Inneren sorgen für ein zeitgemäßes Wohlfühlambiente, das mediterrane Speisenangebot für die passende kulinarische Begleitung. Vater Giorgio, den hier alle nur Papa rufen, ist noch immer für die Pizza verantwortlich, hinzu kommen Pasta, leckere Fleisch- und Fischgerichte bis zu süßen Dolci.

Restaurant Belli's Bootshaus
Oliver Belli
Inselstraße 10
35576 Wetzlar
☎ 0 64 41 / 9 52 72 15
www.bellisbootshaus.de

Wer im Bootshaus feiern möchte, für den plant Oliver Belli ganz individuell auf den Anlass und die Gäste abgestimmte Menüs oder Buffets. Sportler erhalten auch schon mal ein eigenes Pasta-Menü, das Kraft und Energie verleiht. So mancher Weltmeister und Olympionike hat die gute Küche der Familie Belli bereits genossen. Die Terrasse liegt nämlich genau zwischen dem Kraftraum der Ruderer und dem Anlegesteg, sodass des Öfteren mal Sportler kreuzen – für die sogar extra ein Weg freigehalten wird.

Gemeinsam mit Restaurantleiter Paul Sarges und einem jungen, harmonisch zusammenarbeitenden Team, hat sich Oliver Belli seit der Eröffnung am 1. April 2010 als feste kulinarische Adresse in Wetzlar etabliert und die seit fünf Jahrzehnten in der Lahnstadt bekannte Gastronomiegeschichte der Familie erfolgreich fortgeschrieben.

Willkommen im Land der süßen Verführung

Konditorei Vogel

Fünf Geschmacksrichtungen kann unsere Zunge wahrnehmen: salzig, bitter, umami, sauer und süß. Aber dies ist beileibe viel zu wenig, um die Aromenfeuerwerke zu erkunden, die sich dem Genießergaumen in der Konditorei Vogel darbieten. Viel zu wenig, um all die zarten Geschmacksnoten zu verkosten, die das süße Sortiment so üppig darbietet in der Appetit weckenden Auslage, in der Sahnetorten und Obsttörtchen, Blechkuchen und Gebäck, Pralinen und Trüffel förmlich zu rufen scheinen: Iss mich!

Schöpfer all dieser herrlichen süßen Verführungen ist Konditormeister Andreas Vogel, der in zweiter Generation mit Ehefrau Vera die Familienkonditorei im Herzen der Braunfelser Altstadt führt, nur wenige Gehminuten von der imposanten Burganlage entfernt. Wer Platz nimmt in dem im traditionellen Kaffeehausstil gehaltenen Café oder auf der großen Freiterrasse, der darf getrost die Zeit für eine Weile vergessen und sich ganz dem Genussprogramm des Hauses widmen.

Neben dem nach wie vor breiten Konditorensortiment verlangen vor allem die Bereiche Confiserie und Chocolaterie viel Aufmerksamkeit. Die Kunden schätzen die Wertigkeit von handgeschöpften Schokoladen und feinsten Pralinen auf der Grundlage erlesener Rohstoffe und freuen sich über die sinnesreiche Vielfalt, die es hier genüsslich zu erkunden gilt: Amaretto-Trüffel mit Schokoladencanache und Mandelblättchen, Champagner-Trüffel mit frischer Butter, spritzigem Sekt und edlem Marc de Champagne, Braunfelser Kurparknüsse mit frisch geschmolzenem Walnuss-Krokant. Dazu feinste Schokoladen aus den edelsten Kuvertüren der Welt – darunter exklusive Grand-Cru- und Wildkakaos aus dem Dschungel Südamerikas – mit klassischen wie exotischen Ingredienzen von tasmanischem Pfeffer, indischen Kaffeebohnen und Muskatnuss bis zu Olivenöl, Thymian oder Meersalz. Und ja … dies harmoniert einfach wunderbar und schmeckt himmlisch!

Wem der Sinn mehr nach etwas Herzhaftem steht, dem sei das knusprig-würzige Traiteur- und Weingebäck empfohlen, das sich mit kräftigem Käse, Gewürzen und Kräutern nicht nur als charmanter Begleiter zum Wein empfiehlt. Auch vielseitige Brotspezialitäten umfasst das Angebot, von fran-

zösischem Baguette bis zur Walnuss-Sichel, vom Wurzel- bis zum Champagnerbrot.

Andreas Vogel ist mehr als nur ein ausgezeichneter Konditor. Auch als Confiseur und Chocolatier ist er über die Grenzen von Braunfels hinaus bekannt. 2007 gewann er mit seinen Roussillon-Blättern den deutschen Contest der Dessert Trophy und zog als Teamchef der deutschen Patissier-Nationalmannschaft in das Europafinale des Wettbewerbs in Perpignan ein. Und schließlich setzt er als moderner Unternehmer mit klarem Gespür für die Bedürfnisse des Marktes die Wünsche arrivierter Firmenkunden um, die die süßen Köstlichkeiten des Hauses als individualisiertes Präsent für ihre Kunden nutzen. So konsolidiert Andreas Vogel das Familienunternehmen mit einem weitverzweigten Angebot, das Privat- wie Geschäftsklientel gleichermaßen professionell bedient.

Grundlage allen Tuns sind die klassischen Herstellungsweisen des Handwerks, eine gute Mischung aus Traditionsrezepten und Neuentwicklungen sowie hochwertige, frische und natürliche Zutaten, gerne auch in Bio-Qualität, von regionalen Erzeugern und verantwortungsvollen Lieferanten, die den hohen Anspruch des Hauses teilen.

Und nicht zuletzt sind es seine Erfahrung und ungebremste kreative Schaffensfreude, die Andreas Vogel auch nach Jahrzehnten im Beruf noch immer antreibt und ihn so erfolgreich macht. Da freut man sich mit ihm, dass mit Tochter Caroline und Sohn Felix die dritte Generation schon in den Startlöchern steht: Felix tritt bereits in die Fußstapfen von Vater und Großvater und sammelt zurzeit in einigen renommierten französischen Kollegenbetrieben erste Erfahrungen.

Konditorei Vogel
Andreas Vogel
Fürst-Ferdinand-Straße 1
35619 Braunfels
☎ 0 64 42 / 42 56
📠 0 64 42 / 65 88
www.konditorei-vogel.de

Entspanntes Genießen mit Blick aufs Grün

Clubhaus 19

🍴 **Thunfisch mit Gemüse und Kartoffeln**

Das Rezept zur Spezialität des Hauses finden Sie auf Seite 102

Dort, wo die sanfte Hügellandschaft des Hintertaunus auf das idyllische Lahntal trifft, erstreckt sich die weitläufige, naturnahe Anlage des Golf-Clubs Schloss Braunfels. Rund um die 18 Bahnen erstrecken sich ausgedehnte Waldflächen, stehen verstreut Apfelbäumchen, die alte, zum Teil seltene Sorten tragen, sogar ein paar Bienenvölker sind in einer ruhigen Ecke des Platzes zu Hause. Das absolute Highlight wartet am Abschlagpunkt von Loch 13: ein spektakulärer Blick auf Schloss Braunfels, das sich märchengleich auf dem gegenüberliegenden Burgberg erhebt.

Gleich gegenüber dem historischen Gutshof, der zum Schloss und damit zum Besitz des Grafen zu Solms-Braunfels gehört, liegt Clubhaus 19, das seit 2011 unter der Ägide von David Winkler Golfer wie Genießer gleichermaßen verwöhnt. Der erst 25-jährige Küchenchef bietet seinen Gästen ein abwechslungsreiches Genussprogramm mit vielen regionalen Produkten, hausgemachten Klassikern, aber auch innovativen neuen Genussideen. Tagsüber steht ein täglich wechselndes, leichtes Mittagsmenü mit Vorspeise und Hauptgang auf dem

Programm, am Abend eine saisonal orientierte À-la-carte-Auswahl. Hinzu kommen frisch gebackene Flammkuchen und Pizzen aus dem hauseigenen Pizzaofen.

Immer wieder begibt sich David Winkler auf die Suche nach neuen, ausgefallenen Spezialitäten. So finden sich bayerischer Wodka und Whisky auf der Karte, Edelbrände einiger „Kult-Brennereien" aus Deutschland und Österreich sowie ein spritziges Sortiment mit überwiegend deutschen Weinen von jungen, ambitionierten Winzern. Der umtriebige Gastgeber, der vor seinem Engagement in Braunfels als Koch in der Schweiz gearbeitet hat, brachte viel Schwung in die Golfclub-Gastronomie und hat diese damit auch für Genießer in der Region interessant gemacht. Im Herbst lädt er zum zünftigen Oktoberfest sowie zum rustikalen Schlachtfest – weitere Events sind in der Planung und man darf gespannt sein, was er sich noch so alles einfallen lässt.

Clubhaus 19
Gastronomie
Golf-Club Schloss Braunfels
Küchenchef: David Winkler
Homburger Hof 1
35619 Braunfels
☎ 0 64 42 / 96 22 90
📠 0 64 42 / 9 32 03 34
www.clubhaus19.de

Anspruchsvolle Gastlichkeit mit regionalem Charme

Hotel Lahnschleife

Mit souveräner Gelassenheit thront das elegante Vier-Sterne-Superior-Hotel Lahnschleife in Weilburg hoch über der Lahn, die hier eine enge Kehrtwende beschreibt und den pastellgelben Hotelkomplex dabei als natürliche Grenze umrahmt. Von der sonnigen Terrasse und dem lichtdurchfluteten Restaurant mit seinen großen Fensterfronten blickt man aus der ersten Reihe auf die ruhig dahinfließende Lahn und die gegenüberliegenden Anhöhen.

Ein würdige Kulisse also für die zeitgemäße, ihrer Heimat verpflichtete Speisenauswahl, die Küchenchef Alexander Lehr hier seit nunmehr fünf Jahren prägt. „Wir bieten eine ehrliche regionale Küche, die auf vielen Produkten hiesiger Erzeuger basiert", erläutert auch Hoteldirektor Thomas Schmitt, der das 2002 eröffnete Haus mit sicherem Gespür für das Wohl seiner Gäste zu führen versteht.

Und so verlockt die Speisekarte mit der harmonischen Vermählung modern interpretierter Klassiker der hessischen Küche mit mediterran inszenierten Aromen. Da findet sich ein Kartoffelcremesüppchen mit Blutwurst-Sauerkrautstrudel neben dem Carpaccio von der Roten Bete an Büffelmozzarella, in Apfelwein geschmorte Brust vom Bauernhuhn neben dem Lammrücken unter Tomaten-Olivenkruste auf Rucola-Risotto sowie zum Dessert die Käseauswahl vom Rittergut Friedelhausen mit Weilburger Senf neben der geeisten Schokolasagne mit Rumtopffrüchten.

Hausgäste residieren in anspruchsvoll ausgestatteten Zimmern und Suiten. Entspannung vom Alltag bietet der umfangreiche Wellnessbereich, der mit einer arkadischen Badelandschaft sowie einer Fitness- und Beauty-Abteilung zur Auszeit einlädt. Und auch für Businessgäste ist das Haus, das zu den 250 besten Tagungshotels des Landes gehört, eine adäquate Adresse. In den insgesamt elf Seminarräumen und Bankettsälen – darunter sogar ein befahrbarer (!) Konferenzraum – lässt es sich ebenso konzentriert arbeiten wie im eleganten Rahmen rauschende Feste feiern.

Geschmorte Kalbsbäckchen in Hagebuttensauce

Das Rezept zur Spezialität des Hauses finden Sie auf Seite 103

Hotel Lahnschleife GmbH
Hoteldirektor: Thomas Schmitt
Hainallee 2
35781 Weilburg
☎ 0 64 71 / 49 21-0
📠 0 64 71 / 49 21-7 77
www.hotel-lahnschleife.de

Fachwerkidylle und moderne Wohnkultur

Restaurant & Hotel Bartmann's Haus

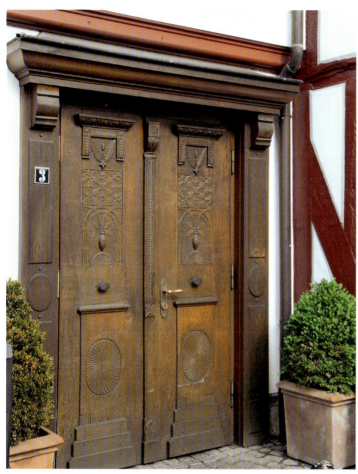

Mitten in der Altstadt von Dillenburg mit seinem hübschen Fachwerkkern ist das traditionsreiche Restaurant Bartmann's Haus zu finden – selbst ein wichtiger Teil der Stadthistorie. 1765 errichtete der fürstliche Kanzleipedell Johann Christian Bartmann hier eines der ersten steinernen Wohnhäuser der Stadt. Als Baumaterial dienten die Steine des ehemaligen Dillenburger Schlosses, das 1760 zerstört und danach nie wieder aufgebaut worden war.

Nach einer wechselvollen Geschichte ist das Haus seit 1988 im Besitz der Dillenburger Familie Mauden, die es aufwendig sanierte und zu einem Restaurant ausbaute. Außen präsentiert es sich im pittoresken rot-weißen Fachwerkkleid, und auch drinnen durchweht viel historisches Flair die beiden elegant inszenierten Gasträume.

Im Jahre 2003 pachteten Fiona und Ralf Dörr das Restaurant und etablierten eine gehobene Gourmetadresse, die weit über die Grenzen der Stadt hinaus bekannt geworden ist. Küchenchef Ralf Dörr bietet seinen Gästen ein vielseitiges kulinarisches Genusskonzept auf hohem Niveau, welches seine Berufserfahrungen in der Sternegastronomie in Deutschland und der Schweiz immer wieder ein-

Konfierter Schweinebauch mit Felsenoktopus auf Erbsenpüree

Das Rezept zur Spezialität des Hauses finden Sie auf Seite 103

drucksvoll belegt. Mühelos gelingt ihm der Brückenschlag von bodenständigen Klassikern der regionalen Küche bis zur erlesenen Gourmetküche. Die facettenreiche Bandbreite reicht von der Kartoffelsuppe mit Kürbiskernöl und dem Kalbstafelspitz mit Frankfurter Grüner Soße bis zum hausgemachten Entenleberparfait mit Mango und Mandel oder dem konfierten Bauch vom schwäbisch-hällischen Landschwein mit Felsenoktopus und Erbsenpüree.

Hinzu kommen monatliche Aktionsangebote, die mal Hummer, Spargel, Wild oder Gans in den Fokus rücken oder sich interessanten Regionen der Welt kulinarisch widmen, von der Toskana bis nach Hawaii, von den USA bis Dubai.
Restaurantleiterin Fiona Dörr empfiehlt ihren Gästen dazu gern die passende Weinbegleitung und kann aus einer stattlichen Anzahl von knapp 300 Weinen wählen. „Wein ist mein Steckenpferd, die deutschen Tropfen hole ich meist selbst direkt im Weingut", erzählt Ralf Dörr und ist zu Recht stolz auf seine gut sortierte Auswahl an Weinen und Champagnern, die alle führenden vinophilen Regionen der alten und neuen Weinwelt vorhält.

Dillenburg

2011 haben Ralf und Fiona Dörr das Hotel Bartmann's Haus auf der gegenüberliegenden Straßenseite eröffnet und bieten ihren Gästen damit auch die Möglichkeit, länger in Dillenburg zu verweilen. Unter der Leitung von Bärbel Deborré-Schech ist hier ein ebenso trendiges wie charmantes Haus mit einem hohen Serviceanspruch entstanden. Die stilvoll eingerichteten Zimmer in den Kategorien Standard und Comfort folgen einem klaren, modernen Designkonzept, das Gemütlichkeit nicht ausschließt und den Aufenthalt für privat wie geschäftlich Reisende schnell zu einem Zuhause auf Zeit werden lässt. Für Festivitäten sowie Tagungen und andere Events steht ein großer, in zwei kleinere Säle umwandelbarer Veranstaltungssaal mit moderner Seminartechnik zur Verfügung. „Wir erfüllen die Wünsche unserer Gäste am liebsten schon, bevor sie sie aussprechen", meint Bärbel Deborré-Schech lächelnd. Dies gelingt ihr mit einem hoch professionellen Team, das jeden Gast herzlich umsorgt und viele nette Aufmerksamkeiten bereithält.

Erstes kulinarisches Highlight des Tages: das immer wieder hochgelobte Frühstücksbuffet, das auch viele Dillenburger des Morgens ins Hotel Bartmann's Haus lockt. Hausgemachte Marmeladen, à la minute zubereitete Eierspeisen, frisches, bereits vorgeschnittenes Obst und noch so manches Schmankerl erfreuen schon am Morgen das Genießerherz der Gäste. Und so ist das Bartmann's Haus mit seiner familiären Atmosphäre und der anspruchsvollen Gastfreundschaft eine echte Bereicherung für Dillenburg und ein mehr als guter Grund, mal wieder in die schöne Stadt an der Dill zu reisen.

Restaurant & Hotel
Bartmann's Haus
Ralf und Fiona Dörr
Hotel-Leitung:
Bärbel Deborré-Schech
Untertor 1 + 3
35683 Dillenburg
☎ 0 27 71 / 78 51
☎ Hotel: 0 27 71 / 2 65 61-0
📠 0 27 71 / 2 10 28
📠 Hotel: 0 27 71 / 2 65 61-2 00
www.bartmannshaus.de

Schwedische Genusswelten in Marburgs Altstadt

Restaurant Edlunds

Ein fröhliches „hej" klingt dem Gast entgegen, wenn er das gemütliche Restaurant Edlunds in der Marburger Altstadt – direkt am Marktplatz neben dem alten Brunnen – betritt. Hier ist man herzlich willkommen in der schwedischen Genusswelt von Thomas und Ida Edlund, die seit 2007 mit einer natürlichen Herzlichkeit und vielen schwedischen Gerichten das kulinarische Angebot der Universitätsstadt bereichern.

Vom Schlemmerfrühstück über Brunch und traditionelle Vorspeisen bis hin zu Hauptgerichten skandinavischer Art – das Restaurant Edlunds nimmt den Gast mit auf eine kulinarische Reise nach Schweden. „Ich möchte unseren Gästen zeigen, dass die schwedische Küche noch mehr zu bieten hat als die beliebten Köttbullar", meint Thomas Edlund. So interpretiert er schwedische Klassiker wie Elchgulasch, Elchcarpaccio und traditionelle Fischgerichte wie zum Beispiel „Fiskgryta" auf seine eigene Weise.

Neben Kaffeespezialitäten und nordischen Nachspeisen runden eine große Auswahl an schwedischen Waffelvariationen sowie verschiedene Eissorten das Angebot ab.

Das Edlunds verströmt viel skandinavisches Wohlfühlflair. Die Einrichtung besteht aus original schwedischen Antikmöbeln und dazu verweisen liebevolle Details auf die Heimat der Gastgeber. So findet man viele Bilder aus Schweden an den Wänden und das schwedische Königspaar weist den Weg zum stillen Örtchen.

Von Marburg bis zur schwedischen Grenze sind es rund 750 Kilometer. Wer indes die schwedische Gastfreundschaft genießen möchte, ohne gleich den nächsten Urlaub zu planen, der erlebt im Restaurant Edlunds auf authentische und liebenswerte Weise Schwedens Genusswelten. Das bestätigt auch Thomas Edlund: „Hier bei uns bekommt man eine Vorstellung davon, wie sich das schwedische Leben anfühlt." Na dann: Smaklig måltid!

Inlagd sill (eingelegter Hering)

Das Rezept zur Spezialität des Hauses finden Sie auf Seite 104

Fiskgryta (Fischtopf)

Das Rezept zur Spezialität des Hauses finden Sie auf Seite 163

Restaurant Edlunds
Edlunds schwedische Küche
Thomas Edlund
Markt 15
35037 Marburg
☎ 0 64 21/1 66 93 18
www.edlunds.de

Konditorei & Terrassencafé Vetter

Süße Marburger Aussichten

🍴 **Torte im Glas**

Das Rezept zur Spezialität des Hauses finden Sie auf Seite 104

Wie ein Schwalbennest kragt die Terrasse der Konditorei Vetter über die Dächer Marburgs und gehört damit wohl zu den spektakulärsten Aussichtspunkten der Altstadt – und das seit über 100 Jahren! Alles begann 1908, als Heinrich Vetter die Konditorei Grote in der Reitgasse übernahm und wenig später eine erste Terrasse erbaute ... damit nahm die Firmengeschichte „mit Weitblick" ihren Lauf.

Seit 2005 führt Konditormeister Axel Vetter mit Ehefrau Sandra das Traditionshaus in vierter Generation und noch immer sind die beiden Terrassen die begehrtesten Plätze des Cafés. Drinnen umfängt lauschige Wiener Kaffeehausatmosphäre die Gäste, der schöne Blüthner-Flügel wird regelmäßig bespielt und die appetitliche Kuchen- und Tortentheke wartet auf genussbereite Gäste.

Natürliche Zutaten und eine nachhaltige Produktion sind Axel Vetter sehr wichtig. Eier, Milchprodukte, Mehl und Obst stammen aus der Region, auch der fair gehandelte Bio-Kaffee wird von einer hiesigen Rösterei geliefert.

Das Angebot an Kuchen, Torten, Gebäck und Pralinen variiert je nach Jahreszeit und hat so manche Hausspezialität zu bieten, beispielsweise die Elisabeth-Torte mit Weinbrandsahne, Walnuss und Schokolade oder den Elisabeth-Trüffel mit Grappa und Rosenwasser. Zu Ostern und Weihnachten ergänzen Marzipan- und Nougateier bzw. Lebkuchenfiguren, die individuell beschriftet werden können, das Sortiment, im Sommer hausgemachtes Eis.

Neben den traditionellen Familienrezepten hat Axel Vetter auch einige neue, den Trends der Zeit folgende Ideen entwickelt. So bringt das Torten-Taxi die Torte der Wahl flugs zu den Kunden nach Hause. Für den süßen Snack zwischendurch gibt's die Torte „to go" im Glas. Und der Catering-Service liefert leckeres Fingerfood wie Wraps oder Kanapees für Events und Festlichkeiten.

An 30 Sonntagen im Jahr gibt es im Café Vetter „Literatur um 11" mit Lesungen bekannter Autoren. Schon Günter Grass, Martin Walser und James Krüss haben hier gelesen – und bestimmt waren auch sie fasziniert vom Ausblick und begeistert von der süßen Genusswelt im Café Vetter.

Konditorei & Terrassencafé Vetter
Axel Vetter
Reitgasse 4
35037 Marburg
☎ 0 64 21 / 2 58 88
📠 0 64 21 / 17 67 52
www.cafe-vetter-marburg.de

So köstlich schmeckt es in Hessen

Gaststätte & Gästehaus Balzer

Pittoreskes Fachwerk, blumenumsäumte Vorgärten, die barocke Sankt-Michaels-Kirche ... Auch wenn das 1233 erstmals erwähnte Schröck heute zu Marburg gehört, so findet sich hier noch eine authentische hessische Dorfidylle, die den Stress des Alltags schnell vergessen macht.

Und in der rustikal-gemütlichen Gaststätte Balzer, die Carmen Schwartz gemeinsam mit Ehemann Jürgen in zweiter Generation führt, wird die Region auch kulinarisch erlebbar. Sie servieren ihren Gästen Wurst aus eigener Schlachtung, hausgemachten Kochkäse nach einem Rezept von Küchenchefin Carmen Schwartz sowie die Klassiker der Landküche, die vielerorts von den Speisekarten verschwunden sind. Bei „Mando" gibt es sie noch, die hausgemachten Rindsrouladen, deftige Kartoffelsuppe oder zünftige Bauernbratwurst.

Besonders regional verwurzelt zeigt sich das Alt Schröcker Buffet, zu dem Familie Schwartz an jedem letzten Donnerstag der ungeraden Monate lädt – mit Storzenieren und Kollerouwebrei mit Bauch und Saufoiserje, Nesserje- und Ruureroiwesalod sowie Krimminkuche und Bordäbbil ... Was genau das ist? Nun, das sollten Sie selbst herausfinden. Es ist auf jeden Fall für jeden Geschmack etwas Leckeres dabei.

Weitere beliebte Highlights sind das Schlachtfest im November, die Schwarzwälder Woche im Frühsommer, der gelegentliche Sonntagsbrunch und die Teilnahme am „Kulinarischen Herbst entlang der Lahn".

In der Getränkekarte fällt die große Anzahl an hochwertigen Whiskys auf. Rund 30 Sorten, vor allem Single Malts aus Schottland, aber auch einige irische und sogar deutsche Whiskys sind vertreten. Seit Jürgen Schwartz vor ein paar Jahren seine Leidenschaft für den exklusiven Getreidebranntwein entdeckte, bringt er sie gerne auch seinen Gästen nahe. Einmal im Jahr veranstaltet er ein ebenso informatives wie genussreiches Tasting, Gruppen können sich jederzeit zu einer Verkostung anmelden.

Da bietet es sich an, sich in einem der gemütlichen Zimmer im Gästehaus gleich nebenan einzuquartieren, die Heimfahrt noch ein wenig aufzuschieben und die idyllische Gegend rund um Schröck genauer zu erkunden.

Mando-Krestje

Das Rezept zur Spezialität des Hauses finden Sie auf Seite 105

Gaststätte & Gästehaus Balzer „bei Mando"
Carmen und Jürgen Schwartz
Schröcker Straße 49
35043 Marburg-Schröck
☎ 0 64 24 / 92 63-0
📠 0 64 24 / 92 63-50
www.gaststaette-balzer.de

Restaurant Kleines Häusers

Gut essen – gut trinken – wohlfühlen!

Variation vom hessischen Weiderind

Das Rezept zur Spezialität des Hauses finden Sie auf Seite 105

Das Erfolgsrezept des Restaurants Kleines Häusers in Gießen beinhaltet viele genussreiche Ingredienzen: ein bisschen Flammkuchen-, ein bisschen Steakhaus, ein guter Teil Weinwirtschaft mit idyllischem Schoppengarten, als Grundlage hochwertige Produkte und dazu noch eine würzige Prise kreative Kochlust ...

Falk Großer, seit Januar 2008 der Chef des Hauses, umschreibt seine Philosophie indes kurz und knapp mit: „Gut essen – gut trinken – wohlfühlen!" Nun, das fällt nicht schwer in den drei liebevoll dekorierten Governance, die insgesamt rund 70 Gästen Platz bieten. Vieles, was hier an den Wänden den Blick auf sich zieht, haben Falk Großer und Lebensgefährtin Verena Müller, die ihn mit charmanter Herzlichkeit im Service unterstützt, auf Flohmärkten entdeckt. Und so zaubern hölzerne Brotschieber und Schiffslampen, alte Reisekoffer und Emaille-Töpfchen aus Omas Küche ein urgemütliches Ambiente. Im Winter knistert dazu ein Feuer im offenen Kamin, im Sommer sitzt man romantisch bei Kerzenschein auf der Hofterrasse unter alten Bäumen.

Die Karte bietet eine große Bandbreite an Steaks, die auf einem Lavasteingrill zubereitet werden, der für ein ganz besonderes Aroma und sehr zartes, saftiges Fleisch sorgt. Zweiter Schwerpunkt im Angebot sind knusprige Flammkuchen, von denen gleich ein ganzes Dutzend mit den unterschiedlichsten Toppings zur Auswahl stehen, etwa mit gratiniertem Brie und Preiselbeeren, Zwiebeln, Räucherlachs und Shrimps oder als süße Variante mit Vanillecreme, Apfelringen, Mandeln, Zimt und Vanilleeis.

Zur festen Speisenauswahl gesellt sich die monatlich wechselnde Marktkarte, mit der Falk Großer den saisonalen Warenkorb aufarbeitet und die ihm Gelegenheit für experimentierfreudige Variationen bietet. Und nicht zuletzt wird das Haus seinem Anspruch als Weinwirtschaft mit der stattlichen Anzahl von 23 offenen – deutschen, europäischen und südafrikanischen – Weinen gerecht. Das ebenso nette wie kompetente Damen-Serviceteam empfiehlt gerne den passenden Begleiter zu den leckeren Gaumenfreuden des Hauses.

Restaurant Kleines Häusers
Falk Großer
Leihgesterner Weg 25
35392 Gießen
☎ 06 41 / 9 84 37 88
06 41 / 9 84 37 89
www.kleines-haeusers.de

Zimt-Mohn-Parfait

Restaurant Belli's Bootshaus, S. 80

Zutaten für 1 Portion
2 Eier | 2 Eigelb | 130 g Zucker | 500 g Sahne | 20 g Zimt | 30 g Mohn

Zubereitung
Eier und Eigelb in eine Schüssel geben. Den Zucker einrieseln lassen und dann auf dem heißen Wasserbad zur Rose ziehen. So bezeichnet man in der Küchensprache das langsame Warmrühren und Eindicken über Wasserbad bis zur gewünschten Cremigkeit. Taucht man für die Garprobe einen Kochlöffel in die Creme und pustet dann darauf, sollten sich wellenförmige Linien – ähnlich einer Rose – bilden. Dann ist die Creme perfekt!
Nun die Masse abkühlen lassen. Währenddessen die Sahne steif schlagen. Dann von Creme und Sahne jeweils die Hälfte abnehmen, da ja zwei Parfait-Varianten hergestellt werden.
Für das Zimtparfait die Hälfte der Sahne unter die Creme heben und den Zimt (wer keinen Zimt mag: Sie können auch das ausgekratzte Mark von 2 Vanilleschoten nehmen!) hinzufügen. Danach die restliche Sahne unterziehen. Diesen Vorgang mit der übrigen Creme und Sahne für das Mohnparfait wiederholen.
Nun zunächst die Mohnmasse in eine mit Klarsichtfolie ausgelegte Parfaitform füllen. Dann vorsichtig die Zimtmasse daraufgeben – beide Massen sollten sich nicht vermischen. Die Folie dabei so großzügig abmessen, dass die Masse oben gut mit Folie abgedeckt werden kann. Dann ins Eisfach stellen und für mindestens 10 Stunden einfrieren.
Vor dem Servieren das Parfait aus der Form stürzen, Folie abziehen und mit einem Messer vorsichtig in Scheiben schneiden und ausgarnieren.

Thunfisch mit Gemüse und Kartoffeln

Clubhaus 19, S. 86

Zutaten
Fisch *4 Thunfischsteaks | 3 EL Olivenöl | 1 Zweig Rosmarin | 2 Knoblauchzehen*
Kartoffeln & Gemüse *600 g kleine Kartoffeln | 500 g grüner Spargel | Zucker | 100 g Kirschtomaten | 100 g Oliven | 3 EL Butter | etwas Petersilie | Saft von 1 Zitrone | Salz, Pfeffer*

Zubereitung
Die Kartoffeln in der Schale in reichlich Salzwasser kochen. Den Spargel in Salzwasser mit einer guten Prise Zucker bissfest garen. Kirschtomaten und Oliven halbieren, dann kurz in 1 Esslöffel heißer Butter schwenken und ein wenig gehackte Petersilie hinzugeben. Mit Zitronensaft, Salz und Pfeffer würzig abschmecken.
Die Thunfischsteaks kalt abwaschen, trocken tupfen und in Olivenöl mit Rosmarin und den geschälten und leicht zerdrückten Knoblauchzehen von jeder Seite etwa eine Minute anbraten. Der Thunfisch sollte innen auf jeden Fall roh bleiben.
Kartoffeln und Spargel abgießen und zum Schluss noch mal kurz in der restlichen Butter schwenken und nun alles gemeinsam dekorativ anrichten.

Geschmorte Kalbsbäckchen in Hagebuttensauce

Hotel Lahnschleife, S. 88

Zutaten für 10 Personen

3 kg geputzte Kalbsbacken (sollten Sie unbedingt beim Metzger vorbestellen) | *Salz, Pfeffer* | *Öl* | *500 g Röstgemüse (Karotten, Sellerie, Zwiebel, Petersilienwurzel)* | *Zucker* | *1 EL Tomatenmark* | *1/2 unbehandelte Orange* | *300 ml Apfelwein* | *500 ml Rotwein* | *3 Zweige Thymian* | *1 Lorbeerblatt* | *500 ml Kalbsfond* | *50 g Butter* | *50 g Hagebuttenmark (gibt's im Reformhaus)*

Zubereitung

Kalbsbacken sorgfältig trocken tupfen, mit Salz und Pfeffer würzen und in einem Bräter in heißem Öl von allen Seiten gut anbraten. Dann wieder aus dem Bräter herausnehmen und warm stellen. Das Röstgemüse grob würfeln und im selben Bräter anbraten (eventuell etwas Öl zugeben), mit Zucker bestäuben und karamellisieren lassen. Tomatenmark zufügen, kurz mitrösten. Die Orange heiß abwaschen, mit Schale in Spalten schneiden und dazugeben. Das Röstgemüse mit Apfelwein ablöschen und komplett einkochen lassen, anschließend mit dem Rotwein ähnlich verfahren, diesen aber nur zur Hälfte einkochen. Darauf achten, dass sich der Bratensatz gut vom Bräter löst. Thymian, Lorbeerblatt und Kalbsfond zufügen und einmal aufkochen lassen. Die angebratenen Kalbsbäckchen in den Bratenfond geben und den Bräter mit Deckel bei 160 °C circa 1,5 Stunden im Ofen schmoren lassen.
Wenn die Bäckchen schön zart sind, aus dem Bratenfond nehmen und warm stellen. Den Fond mit dem Gemüse mithilfe des Zauberstabs leicht pürieren und anschließend durch ein feines Sieb streichen. Die Sauce auf dem Herd zur gewünschten Sämigkeit einkochen, mit Butter und Hagebuttenmark aufmontieren.
Zu diesem köstlichen und wärmenden Wintergericht serviert Küchenchef Alexander Lehr Gemüse der Saison, beispielsweise weißen und grünen Spargel sowie frische Morcheln. .

Konfierter Schweinebauch mit Felsenoktopus auf Erbsenpüree

Restaurant Bartmann's Haus, S. 90

Zutaten

Schweinebauch *3,5 kg Schweinebauch mit Knochen* | *Salz, Pfeffer* | *2 Zwiebeln* | *2 Karotten* | *1/2 ellerieknolle* | *je 3 Zweige Rosmarin und Thymian* | *4 Lorbeerblätter* | *2 l Fleischbrühe* | *1/2 l Rotwein*
Oktopus *1 Oktopus (Pulpo), circa 1–2 kg* | *1 EL Salz* | *2 EL Essig*
Erbsenpüree *1 kg Tiefkühlerbsen* | *Salz*

Zubereitung

Knochen aus dem Fleisch löschen, das Fleisch von allen Seiten gut salzen und pfeffern und die Schwarte mit einem spitzen Messer einstechen.
Das Gemüse schälen und in Stücke schneiden, mit den ausgelösten Knochen auf ein tiefes Backblech legen und den Schweinebauch daraufsetzen. Nun die Kräuter hinzugeben und alles mit Brühe und Rotwein angießen. In den vorgeheizten Ofen schieben und bei 120 °C circa 3,5 Stunden garen.
Dann den nun sehr weich geschmorten Schweinebauch vom Blech nehmen, die Schwarte abziehen und auch das noch restliche vorhandene Fett wegschneiden. Nun komplett erkalten lassen und dann in gleichmäßige Stücke schneiden.
Den Oktopus gründlich waschen und den Schnabel entfernen. In einem Sud aus Wasser mit Salz und Essig blanchieren. Einmal aufkochen lassen, dann das Wasser wegschütten und den Oktopus in frischem Salzwasser für etwa 1,5 Stunden fertiggaren.
Dann aus dem Fond nehmen, komplett erkalten lassen und in gleichmäßige Stücke schneiden (sollten die Größe der Schweinebauchstücke haben).
Für das Erbsenpüree die Tiefkühlerbsen in kochendes Salzwasser geben, für etwa 1 Minute sprudelnd kochen lassen, dann abschrecken und in einer Küchenmaschine sehr fein pürieren.
Nun gemeinsam mit den wieder erwärmten Schweinebauch- und Oktopusstücken anrichten.

Inlagd sill (eingelegter Hering)
Restaurant Edlunds, S. 94

Zutaten
500 g Salzheringsfilets
Marinade *150 ml Essig (12 %) | 300 g Zucker | 1 Möhre | Je 1 rote und weiße Zwiebel | 1 Zimtstange | 3 Lorbeerblätter | 10 weiße Pfefferkörner | Je 9 Nelken und Pimentkörner*

Zubereitung
Am 1. Tag Salzheringsfilets in kaltes Wasser einlegen.
Essig mit Zucker und 600 Milliliter Wasser in einen Topf geben. Möhre und Zwiebeln schälen und in Scheiben schneiden, ebenfalls in den Topf geben. Nun die Gewürze hinzufügen und alles einmal gründlich aufkochen, dann abkühlen lassen.
Am 2. Tag Heringe aus dem Wasser nehmen, gut abtropfen lassen und in die Marinade einlegen. Zugedeckt 1,5 bis 2 Tage durchziehen lassen. Dann können sie serviert werden.

Tipp Wenn Sie keine Salzheringsfilets bekommen, können auch Matjes- oder Fischfilets von Lachs oder Forelle verwendet werden! Dann zusätzlich 1 EL Salz in die Marinade geben.

Torte im Glas
Konditorei & Terrassencafé Vetter, S. 96

Zutaten für 4 Gläser
Biskuitboden *5 Eier | 110 g Zucker | Mark von 1/4 Vanilleschote | Zitronenabrieb von 1/2 Zitrone | 80 g Weizenmehl | 80 g Speisestärke | 40 g Butter + etwas Butter zum Einfetten der Form | 1 Prise Salz*
Erdbeer-Joghurt *200 g Erdbeeren | 500 g Sahne | Mark von 1/2 Vanilleschote | Saft von 1/2 Zitrone | 80 g Eigelb | 80 g Zucker | 4 EL Joghurt*
Dekoration *halbierte Erdbeeren | Schokoladenspäne*

Zubereitung
Für den Biskuitboden die Eier mit dem Zucker, Salz, Vanillemark und der Zitronenschale über dem heißen Wasserbad warm aufschlagen, bis sich der Zucker gelöst hat. Dann aus dem Wasserbad nehmen und kalt schlagen. Das Mehl mit der Speisestärke mischen und durchsieben, dann vorsichtig unter die Eimasse heben. Die Butter auflösen und in einem dünnen Strahl in die Masse geben, vorsichtig unterheben. Dann den Teig sofort in eine gefettete Springform geben und bei 180 bis 190 °C wenige Minuten hellgelb backen. Dann abkühlen und für eine Nacht ruhen lassen.
Aus dem Biskuitboden 8 kleine, runde Böden ausstechen, die dieselbe Größe haben wie die Gläser. Dann in jedes Glas je einen Biskuitboden einlegen. Erdbeeren in Stücke schneiden und fein pürieren. Die Sahne (nicht zu) steif schlagen, Erdbeermus mit der Sahne, dem Vanillemark und dem Zitronensaft vermischen. Eigelb mit Zucker schaumig schlagen und mit dem Joghurt unter die Masse heben. Die Hälfte der Masse dann gleichmäßig auf die Gläser verteilen, dann die restlichen Biskuitböden in die Gläser einlegen und die restliche Masse hineingeben. Kaltstellen und vor dem Servieren noch mit ein paar halbierten Erdbeeren sowie Schokoladenspänen verzieren.

Mando-Krestje

Gaststätte & Gästehaus Balzer – bei Mando, S. 98

Zutaten

4 magere Schweineschnitzel à 200 g | Salz, Pfeffer | etwas Bratfett oder Pflanzenöl | 2 große Zwiebeln | etwas Mehl | 200 g Kochkäse, mind. 20 % Fettgehalt (am besten der selbst gemachte aus der Gaststätte Balzer) | 4 Scheiben Graubrot

Zubereitung

Die Schnitzel flach klopfen, mit Salz und Pfeffer würzen und in der Pfanne in heißem Bratfett oder Öl fast durchbraten. Dann aus der Pfanne nehmen und auf ein gefettetes Blech oder in eine Auflaufform geben und beiseitestellen. Die Zwiebeln schälen, halbieren und vierteln und in Streifen schneiden. In Bratfett goldbraun anbraten und mit etwas Mehl bestäuben.
Die Zwiebeln gleichmäßig auf den Schnitzeln verteilen, den Kochkäse darübergeben und das Ganze im Backofen oder im Grill bei starker Oberhitze (200 bis 220 °C) circa 5 bis 10 Minuten überbacken, bis der Kochkäse anfängt zu bräunen.
In der Zwischenzeit die Brotscheiben toasten, auf 4 Teller legen und die überbackenen Schnitzel daraufgeben.
Dazu einen Feldsalat oder frischen grünen Salat servieren. Wer großen Hunger hat, macht sich noch eine Schüssel Bratkartoffeln dazu.
Ein kühles Bier oder ein frisches Radler runden das leckere Essen ab.

Der Name Mando geht auf die Urururgroßmutter von Carmen Schwartz zurück, die Amanda – im Dialekt der Region: Mando – hieß und das Haus, in dem sich die Gaststätte Balzer befindet, erbaute. In Schröck ist es seit jeher Tradition, dass jedes Haus und jedes Gehöft im Dorf einen persönlichen Hausnamen trägt, der in einer Beziehung zu den Bewohnern steht und unter dem es bei anderen Dorfbewohnern bekannt ist.
Und so kehrt man in Schröck „bei Mando" ein, wenn man die Gaststätte Balzer besucht.

Variation vom hessischen Weiderind:
In Rotwein geschmorte Ochsenbacken mit Lendenschnitten vom Lavasteingrill

Restaurant Kleines Häusers, S. 100

Zutaten

Ochsenbacken *3 kg Ochsenbacken | Salz, Pfeffer aus der Mühle | 4 EL Öl Röstgemüse: je 1 Zwiebel und Karotte, 150 g Knollensellerie | 1 TL Puderzucker | 600 ml kräftiger Rotwein | 2 EL Tomatenmark | 1 geschälte Knoblauchzehe | 1 Lorbeerblatt | 4 Wacholderbeeren | 1 TL schwarze Pfefferkörner | 5 Pimentkörner | 600 ml Kalbsfond | 1 TL Speisestärke | 30 g kalte Butter*
Lendenschnitten *4 Rindertournedos à 100 g | etwas Öl | Salz, Pfeffer*

Zubereitung

Die Ochsenbacken von Fett und Sehnen befreien, salzen und pfeffern. In einem Bräter 2 EL Öl erhitzen und die Ochsenbacken darin bei mittlerer Hitze von beiden Seiten anbraten, dann herausnehmen. Das Röstgemüse schälen, in walnussgroße Stücke schneiden, dann im restlichen Öl bei mittlerer Hitze andünsten. Den Puderzucker in den Bräter stäuben, hell karamellisieren lassen und mit 100 Milliliter Rotwein ablöschen. Dann das Tomatenmark unterrühren und die Sauce sirupartig einkochen lassen. Noch zweimal mit Rotwein ablöschen und wieder einkochen lassen. Dann die Ochsenbacken wieder in den Bräter geben, die Gewürze hinzufügen, mit dem restlichen Rotwein sowie dem Kalbsfond auffüllen. Das Ganze zugedeckt für 2 Stunden weich schmoren.
Nun das Fleisch herausnehmen und warm stellen. Die Sauce durch ein Sieb passieren, das Gemüse dabei kräftig ausdrücken. Die Speisestärke mit etwas Wasser glatt rühren, die Sauce damit binden und etwa 2 Minuten köcheln lassen. Abschließend mit Salz und Pfeffer abschmecken und die kalte Butter in kleinen Stücken unterrühren. Das Fleisch wieder in die Sauce legen und erhitzen.
Die Tournedos mit dem Handballen etwas flach drücken, mit Öl bestreichen und mit Salz und Pfeffer würzen. Dann auf dem Grill (oder in der Pfanne) circa 6 Minuten rosa braten.
Nun gemeinsam mit den geschmorten Ochsenbacken anrichten. Dazu gibt es knusprige Kartoffelplätzchen und marktfrisches Gemüse!

Hoherodskopf

Schotten

Uhuklippen

Der Vogelsberg – ein Vulkan hat's in sich

Zunächst einmal die Eckdaten: Der Vogelsberg ist ein im Herzen Deutschlands gelegenes Mittelgebirge mit dem Taufstein als höchster Erhebung auf 773 Metern, gefolgt vom Hoherodskopf mit 764 Metern. So weit, so unspektakulär. Betrachtet man diesen Abschnitt des Osthessischen Berglandes aber genauer, so erkennt man, dass dies unbestritten eine Region der Superlative ist. Und zwar in mehr als einer Hinsicht.

Zum einen ist der Vogelsberg das größte zusammenhängende Vulkangebiet in Mitteleuropa und verdankt seine geologische Struktur unzähligen Vulkanen, die hier bis vor zehn Millionen Jahren Basaltlava aus ihren Schloten spien und die Gesteinsmassen immer wieder neu übereinanderschichteten. Damit – und nun kommen wir zum zweiten Superlativ – ist der Vogelsberg das größte geschlossene Basaltmassiv Europas. Sichtbar wird dies an Basaltformationen, die immer wieder spektakulär aus der ansonsten sanften Hügellandschaft herausragen. Und auch in den dichten Wäldern des Vogelsbergs stößt man auf auffällige Gesteinsbrocken, sogenannte Geotope, die ob ihrer Gestalt manchmal so märchenhafte Namen wie Uhuklippen, Nonnenstein oder Teufelstisch tragen und sich dem Betrachter wie von Riesen hingeworfene Spielsteine präsentieren.

In den Höhenlagen ist der Naturpark Hoher Vogelsberg – übrigens Deutschlands ältester Naturpark – von tiefen Mischwäldern, einem ausgedehnten Naturschutzgebiet mit Urwald-Charakter, Feuchtbiotopen und Hochmooren, einer reichen Fauna und Flora geprägt. In den tiefer liegenden Gebieten wechselt das Bild zu saftigen Wildblumenwiesen, Heckenlandschaften, Weiden und Feldern, durchzogen von kleinen Bächen und träge dahinfließenden Flüssen wie der Fulda, Lauter, Nidda oder Ohm.

Man hat in den letzten Jahren viel dafür getan, den Vogelsberg als vielseitige Freizeitregion zu etablieren. Motorradfans cruisen gern gemütlich durch die Lande oder kommen auf dem legendären Schottenring auf Touren. Wanderer erkunden die idyllische Natur beispielsweise auf der 125 Kilometer langen Vulkanring-Tour, auf dem abwechslungsreichen Höhenrundweg, der Hoherodskopf, Niddaquelle und Taufstein verbindet, oder auf einer der acht mit dem deutschen Wandersiegel zertifizierten Extra-Touren, die beispielsweise zur Gipfel- oder Weitblick-, zur Natur- oder

Dom zu Fulda

Bachtour laden. Radler können zwischen dem Vulkan-, Südbahn-, Nidda oder BahnRadweg wählen, wo sich die Landschaft bei wenig Steigung, zum Teil entlang ehemaliger Bahntrassen, wunderbar genießen lässt.

Und sogar Pilger werden fündig. So queren die Bonifatius-Route sowie der Jakobsweg den Vogelsberg in Richtung Fulda.

Ein Ausflug in die Barock-, Bischofs- und Universitätsstadt Fulda lohnt übrigens immer ob der vielen Sehenswürdigkeiten wie dem Stadtschloss, dem sich das hübsche Barockviertel anschließt, und den vielen Kirchen im Stadtgebiet, die einen Überblick über die sakrale Kunstgeschichte Deutschlands geben – angefangen mit der romanischen Michaelskirche, einer der ältesten Kirchen Deutschlands, bis hin zum barocken Dom, in dem der heilige Bonifatius seine letzte Ruhestätte fand.

Zurück in den Vogelsberg. Zu jeder Jahreszeit kann die Region um den Hoherodskopf mit vielerlei Sportangeboten punkten. Im Winter stehen Skifans ein 45 Kilometer langes Loipennetz inklusive Flutlicht- und Wettkampfloipe sowie drei Ski-Lifte, darunter der mit 1,2 Kilometern längste Skilift Hessens, für die alpine Abfahrt zur Auswahl.

Im Sommer geht's auf der Sommerrodelbahn rund 750 Meter bei bis zu 40 km/h den Hang hinab. Hinauf in luftige Höhen verschlägt es indes schwindelfreie Kletterfans im Kletterwald Hoherodskopf, wo sie auf unterschiedlichen Parcours klettern, hangeln und von Baum zu Baum sausen können. Auf dem europaweit ersten schwebenden Baumkronenpfad erlebt man seit Juni 2012 den Naturpark von einer ungewöhnlichen Perspektive aus: Auf Hängebrücken geht es in bis zu 15 Metern Höhe von Baumwipfel zu Baumwipfel.

Das Abenteuer Natur vermittelt – vor allem Kindern – das „Grüne Meer", der Entdeckungswald am Laubacher Schloss. Auf 40 Hektar verteilen sich unter anderem ein 35 Meter hoher Aussichtsturm, ein Wald-Xylophon und ein Barfuß-Sinnespfad, ein Wildgehege und ein Streichelzoo, eine Köhlerei, Wald-Beobachtungsstationen und ein Robin-Hood-Dorf.

Ein beliebtes Naherholungs- und Wassersportgebiet ist der Nidda-Stausee im Schottener Ortsteil Rainrod, wo es die Menschen bei sonnigen Temperaturen gern aufs Wasser zieht: zum Surfen, Segeln und Seele-baumeln-Lassen. Auf einem fünf Kilometer langen Wanderweg kann der See auch umwandert werden.

Neben seinen Naturattraktionen lassen sich im Vogelsberg natürlich auch viele pittoreske und geschichtsträchtige Städtchen und Gemeinden entdecken. Die Region ist eine fachwerkreiche Gegend mit romantischen Altstädten, engen Gässchen, trutzigen Burgen und kunsthistorisch interessanten Sakralbauten. Besonders charmant zeigt sich beispielsweise Grünberg mit einem bunten Fachwerkkleid, das den Bogen schlägt von der frühen Gotik über die Renaissance bis hin zum verspielten Barock. Zu den sehenswerten Fachwerkensembles gehören Rat- und Stadthaus, alte Post, Ratsschenke und Brauhaus sowie der hoch aufragende Universitätsbau.

Barockviertel Fulda

Vogelsberg

Baumkronenpfad am Hoherodskopf

Nidda-Stausee

Auch ein Rundgang durch Schotten führt durch enge Gässchen und vorbei an liebevoll restaurierten Fachwerkbauten. Hier birgt die gotische Liebfrauenkirche einen besonderen kunsthistorischen Schatz: einen spätgotischen Flügelaltar des sogenannten „Schottener Meisters" mit Szenen aus dem Leben Marias.

Reich verzierte Fachwerkfassaden zeugen auch von der einstigen Prosperität Lauterbachs, das bereits 1266 Stadtrecht erhielt und sich mit einer starken Stadtmauer schützte, von der nur noch der Ankerturm erhalten ist, von dem aus die Ankertreppe hinab zum fachwerkumsäumten Marktplatz führt. Die Legende des Handwerksburschen, der in Lauterbach seinen Strumpf verlor, ist im Stadtbild hübsch umgesetzt worden, einmal mit dem Strumpfbrunnen vor der Stadtmühle sowie mit dem gelockten güldenen Bengel, der den Mutigen zuschaut, die auf den eigens angelegten Schrittsteinen die Lauter überqueren.

Noch ein Superlativ gefällig? Gern. Das im Jahr 2000 zum staatlich anerkannten Heilbad ernannte Herbstein, hoch oben auf einem Vulkankegel gelegen, rühmt sich Hessens höchster Heilquelle. Aus 1 000 Metern Tiefe strömt das mit 32,6 °C wohlig-warme Thermalwasser in die Vulkantherme, wo sich der Kurgast in dem heilsamen und mineralreichen Wasser genüsslich aalen kann.

Herbstein

Landgasthaus Waldschenke

Mediterraner Flair in hessischer Waldidylle

🍴 **Rotbarbe auf Bärlauch-Nudeln mit Brillat-Savarin-Schaum und Bärlauchpesto**

Das Rezept zur Spezialität des Hauses finden Sie auf Seite 134

Romantisch im waldreichen Seenbachtal am Rande des Naturparks Hoher Vogelsberg gelegen, begrüßt das Landgasthaus Waldschenke in Laubach-Freienseen seine Gäste. Schon an der Eingangstür wird deutlich, welch hohem Anspruch sich die Gastgeber Axel und Ingrid-Michelle Horn verpflichtet sehen: die Signets von Eurotoques und der Chaîne des Rôtisseurs verweisen darauf, das man sich hier über eine authentische, frische Küche mit hochwertigen Produkten freuen darf, die auf handwerklich erstklassigem Niveau verarbeitet werden.

Im Inneren bezirzt die Waldschenke mit einer gelungenen Melange aus edel-rustikaler Gemütlichkeit und mediterran inszenierter Leichtigkeit. Das Restaurant zeigt sich klassisch-elegant, der lichtdurchflutete Wintergarten mit viel hellem Holz im modernen Landhausflair – eine passende Bühne also für die frankophil inszenierte Speisenauswahl des Gastgebers, die ihre Inspiration auch aus den Jahreszeiten und regionalen Produkten erhält. Eine besondere Spezialität des Hauses sind beispielsweise Bio-Pilze aus dem Freienseener Tunnel gleich in der Nachbarschaft; auch für seine kreativen Fischgerichte ist Axel Horn bekannt. Wer sich hier nicht entscheiden mag, dem sei das wöchentlich wechselnde Überraschungs-Menü in vier Gängen empfohlen, das auch die vielen Stammgäste immer wieder aufs Neue begeistert.

Dazu offeriert Ingrid-Michelle Horn in der Hauptsache deutsche und französische Gewächse sowie einige ausgewählte Tropfen aus Portugal, Spanien und Italien. „Wir suchen jene Weine heraus, die mit einem individuellen Aroma und starken Terroir authentisch von ihrer Heimat berichten und sich als selbstbewusster Partner zu meinen Speisen empfehlen", unterstreicht Axel Horn.

Die große Leidenschaft des ambitionierten Küchenmeisters sind übrigens exotische Gewürze, besonders Currys aus Indien und Asien haben es ihm angetan. Essige und Öle stellt er ebenfalls selbst her, verfeinert sie mit Früchten, Kräutern und Würzblüten und erzeugt wahre Gaumenkitzler, die selbst den erfahrenen Feinschmecker noch zu überraschen wissen.

Landgasthaus Waldschenke
Axel Horn
Tunnelstraße 42
35321 Laubach-Freienseen
☎ 0 64 05 / 61 10
📠 0 64 05 / 50 01 55
www.landgasthaus-waldschenke.de

Genuss auf höchsten Höhen

Restaurant Taufsteinhütte

Es geht hoch hinauf, und zwar mitten hinein in den idyllischen Naturpark Hoher Vogelsberg. Zwischen Hoherodskopf und Taufstein, den beiden höchsten Erhebungen dieses Mittelgebirges, liegt das Restaurant Taufsteinhütte, das mit seiner malerischen Lage viele reizvolle An- und Aussichten zu bieten hat.

Schon beim Betreten des edel-rustikal gestalteten Restaurants empfängt warme Wohlfühlatmosphäre die Gäste. Das Ambiente der beiden Gasträume wird bestimmt von hellem Holz, den passenden Accessoires und moderner Kunst an den Wänden. Im Winter knistert ein heimeliges Feuer im Kamin, im Sommer verwöhnt die große Terrasse mit einem herrlichen Blick in die waldreiche Umgebung.

Eine überaus würdige Kulisse also für die anspruchsvolle Küche des Hauses unter der Ägide von Jürgen Carnier, der 1993 mit Ehefrau Christina hier antrat, um die Taufsteinhütte als feste Größe für Gourmets in der Region zu etablieren. Wild, Forellen und Lamm aus dem Vogelsberg – das sind nur einige der Zutaten, mit denen Jürgen Carnier sein jahreszeitlich gestaltetes Genussprogramm mit wechselnden Tages- und Wochenangeboten komponiert. Er sieht sich keiner bestimmten Stilrichtung verpflichtet, sondern interpretiert den saisonalen Warenkorb mal bodenständig-heimatverbunden, mal weltgewandt und multikulturell, aber stets mit dem gewissen Etwas, das ein gutes von einem anspruchsvollen Mahl unterscheidet. So verwöhnt er seine Gäste mit Sauerbraten vom Reh, mediterranem Schafskäsegratin mit Gemüse, Rosmarinkartoffeln und hausgemachtem Pesto oder gar mit einem Rehrücken unter der Mandelkruste mit Pfifferlingen und – gewagt, aber gelungen – Erdbeerstückchen.

Wer ganz ungestört feiern möchte, für den steht gleich nebenan die rustikale Almhütte bereit, die bis zu 30 Gäste beherbergen kann. Und will man dann nicht gleich nach Hause fahren und lieber noch für ein paar Tage die idyllische Region erkunden, so kann man Logis in einem der behaglichen Appartements der Carniers nehmen und ihre herzliche Gastfreundschaft noch ein bisschen ausgiebiger genießen.

Sauerbraten vom Reh in Borettane-Kirschsauce

Das Rezept zur Spezialität des Hauses finden Sie auf Seite 134

Restaurant Taufsteinhütte
Jürgen Carnier und
Christina Däsch-Carnier
Am Hoherodskopf 2
63679 Schotten
☎ 0 60 44 / 23 81
📠 0 60 44 / 40 59
www.taufsteinhuette.de

Café Zeitlos

Ein Ort, an dem die Zeit stillstehen darf

Zeit ist in unserem schnelllebigen und hektischen Alltag ein sehr wertvolles Gut geworden … und auch der Genuss wird zunehmend im Zeitraffer erledigt, Coffee to go, Drive-through-Imbisse und ähnliche Angebote der Fast-Food-Industrie unterstützen unseren Drang, überall Zeit sparen zu wollen.

Carmen Bauer setzt mit ihrem Café Zeitlos in der Schottener Altstadt ganz bewusst einen Gegenakzent. „Ich wollte meiner Heimatstadt einen Ort geben, an dem man die Hektik des Alltags abstreifen darf", erzählt sie. Und das ist ihr auch hervorragend gelungen. Die Einrichtung des Cafés zeigt sich als heimeliges Sammelsurium liebevoll zusammengesuchter Möbelstücke und stimmiger Accessoires, die ein warmes Ambiente zaubern.

Der herzliche Service, den Carmen Bauers Team jedem Gast zuteilwerden lässt, und die köstlichen hausgemachten Kuchen und Torten, die täglich in der gläsernen Vitrine auf den Genießer warten, tun ein Übriges, um sich hier vollends wohlzufühlen. Nur die Wahl zwischen Bananensalattorte oder dem im Vogelsberg so beliebten Schwimmbadkuchen mit Mandelbaiser, Sahne und Stachelbeeren fällt schwer. Oder soll es doch lieber ein Stück Erdbeer-Rhabarber-Torte, Schwarzwälder Kirsch-, Eierlikör- oder Marzipantorte sein?

Auch Brüsseler Waffeln gehören zu den beliebten Spezialitäten des Hauses, und wer Lust auf etwas Herzhaftes verspürt, wird in der Speisekarte ebenfalls fündig.

Wenn man zum Frühstücken kommt, muss man selbstverständlich ebenfalls kein zeitliches Limit beachten. „Frühstück gibt's bei uns bis 18 Uhr und wird auf einer hübschen Etagere serviert, quasi als privates Buffet direkt am Tisch", erklärt Carmen Bauer lächelnd.

Regelmäßig lädt sie überdies zu interessanten Kulturevents – Vorträgen, musikalischen Abenden oder Lesungen – ins Café. Außerdem zeigen regionale Künstler in wechselnden Ausstellungen hier ihre Werke.

So ist das Café Zeitlos ein wunderbarer Ort der Begegnung, der Kommunikation, aber auch der Ruhe, an dem unterschiedlichste Menschen aufeinandertreffen, die eines eint: die Freude darüber, dass sie hier für eine Weile die Zeit vergessen dürfen …

Café Zeitlos
Carmen Bauer
Kirchstraße 5
63679 Schotten
☎ 0 60 44 / 96 63 50

Gelebte Gastfreundschaft aus Tradition

Landgasthof Kupferschmiede

Sie sind selten geworden, die traditionsreichen Landgasthöfe im Familienbesitz, die ihr gastronomisches Erbe auch in der Gegenwart genussvoll weiterführen. Und doch kann man sie noch finden und sich an der besonderen Gemütlichkeit erfreuen, die von familiärer Herzlichkeit geprägt wird. So wie im Landgasthof Kupferschmiede in Rainrod unweit der idyllischen Nidda-Talsperre. Im Jahre 1907 eröffnete Wilhelm Straub, der Urgroßvater der heutigen Inhaberin Gudrun Straub, die Gastwirtschaft im Herzen von Rainrod, die bis heute ein beliebter Treffpunkt für Einheimische, Tagesgäste und Urlauber geblieben ist. Während Gudrun Straub in der Küche für Genussmomente sorgt, kümmert sich Schwester Ute im Restaurant um das Wohl der Gäste. Und die freuen sich über eine frische, regionale Küche, die sich variantenreich den Jahreszeiten annimmt: von Bärlauch, Pfifferling und Spargel über Matjes, Kürbis und Gans bis hin zu Wild aus dem hiesigen Forst sowie Lamm, das der Schäfer von Rainrod anliefert. Alljährlich im Frühling lädt die Kupferschmiede zum großen Lamm-Menü mit einfallsreichen, kreativen Kompositionen, die das Feinschmeckerherz erfreuen. Etwa mit gebratener Lammleber im Blätterteigmantel auf orientalische Art, einem Duett von Lammkeule und -schulter in Minzsauce oder pikantem Lammrücken im Lammzungenmantel auf Grünkernrisotto.

Wird es draußen wärmer, locken die Terrasse vor dem Haus und seit Mai 2012 auch der schöne „Vulkangarten" ins Freie. Der bietet mit Teich und Festwiese einen tollen Rahmen für private Festlichkeiten. Bei sommerlichen Temperaturen wird hier außerdem eine leichte, frische Küche rund um Fisch, Grillspezialitäten und Salate serviert.

Nicht nur das Haus selbst hat eine lange Geschichte, auch viele Stammgäste kommen in zweiter oder dritter Generation nach Schotten und genießen die familiäre Gemütlichkeit, die Familie Straub hier mit ganzem Herzen lebt. Die behaglichen Gästezimmer sind ein guter Ausgangspunkt für Touren mit dem Fahrrad oder Motorrad in die Region oder eine Wanderung rund um den Vulkanring Vogelsberg.

Gefüllte Lammbrust mit Vogelsberger Spitzbuben

Das Rezept zur Spezialität des Hauses finden Sie auf Seite 135

Landgasthof Kupferschmiede
Gudrun Straub
Mühlstraße 10
63679 Schotten-Rainrod
☎ 0 60 44 / 98 00 00
📠 0 60 44 / 9 80 00 50
www.landgasthof-
kupferschmiede.de

Landgasthaus Zur Birke

Schlemmen und Erholen bei familiärer Gastlichkeit

🍴 Kotelett „natur"
mit Bratkartoffeln und
Kräuterbutter

Das Rezept zur Spezialität des Hauses finden Sie auf Seite 135

Wenn ein Landgasthaus auf eine über 170-jährige Erfolgsgeschichte zurückblicken kann, dann ist das ein sicherer Beleg für eine authentisch gelebte Gastlichkeit. Axel und Matthias Winter, die das Landgasthaus Zur Birke in Schotten-Burkhards in nunmehr siebter Generation führen und dabei von ihrer gesamten Familie unterstützt werden, sind sich dieser Tradition auch voll bewusst. Mit ambitionierter Freude erhalten sie das Haus als lebendigen gastronomischen Mittelpunkt des Ortes, passen es aber ebenso souverän an die Bedürfnisse der Gegenwart an. Aus dem 1839 eröffneten Gasthaus ist ein modernes Hotel mit hohem Wohlfühlfaktor geworden, das im gemütlichen Restaurant im Landhausstil mit regionalen Spezialitäten verwöhnt.

Für die Vogelsberger Schmankerln-Küche zeichnet Küchenchef Matthias Winter verantwortlich, während Bruder Axel sich um das Wohl der Gäste kümmert. Die reichen Gaben dieses fruchtbaren Landstriches bestimmen die jahreszeitlich ausgerichtete Speisenauswahl. Zusätzlich stehen in jedem Monat regionaltypische Themen-Buffets im Veranstaltungskalender – vom Vogelsberger Schlachtessen über Kartoffel und Spargel bis zu Lamm und Wild. Die üppigen und vielseitigen Buffets, die für jede kulinarische Vorliebe etwas offerieren, sind längst zur festen Institution geworden und erfreuen sich großer Beliebtheit. Für Gäste von außerhalb bietet es sich an, solch einen Genussabend als Schlemmer-Pauschale mit zwei Übernachtungen zu verbinden.

Und auch sonst lohnt es sich, sich gleich für ein paar Tage von der sympathischen Familie Winter verwöhnen zu lassen. Der Vogelsberg verlockt zu Touren mit dem Mountainbike oder Motorrad, zu Nordic-Walking-Trips rund um den Hoherodskopf – der sich im Winter als echtes Skiparadies zeigt – oder zur Pilgerwanderung entlang der Bonifatius-Route. Und nicht zuletzt lädt die hauseigene Scheren-Kegelbahn zum sportlichen Spaßwochenende in geselliger Runde.

Für Festlichkeiten und Seminare steht ein eleganter Bankettsaal zur Verfügung, der mit der weitläufigen Terrasse direkt an der Nidder im Sommer auch draußen lauschige Plätzchen bietet.

Landgasthaus Zur Birke
Familie Winter
Niddergrund 7
63679 Schotten-Burkhards
☎ 0 60 45 / 45 37
📠 0 60 45 / 46 18
www.zur-birke.com

Süße Geschichten aus dem Zuckerbäckerland

Zuckerbäcker Haas

Schon der Name vergeht mit süßem Schmelz auf der Zunge, erinnert an Kindheit, an herrlich duftende Backstuben, genussselige Zeiten ... Willkommen in der Welt von Zuckerbäcker Joachim Haas, Bäckermeister aus Leidenschaft und unermüdlich dafür unterwegs, seine Heimat wirtschaftlich, touristisch und nicht zuletzt auch kulinarisch voranzubringen. So gehört er zu den Mitbegründern der Initiative „Vogelsberger Original®", die sich zum Ziel gesetzt hat, mit vielfältigen Produkten aus der Region den Vogelsberg genussvoll erlebbar zu machen.

Seit er als 14-Jähriger ein Praktikum in einer Bäckerei absolvierte, brennt Joachim Hass mit viel Leidenschaft für seinen Beruf. Früh machte er sich selbstständig und verankerte den Begriff „Zuckerbäcker Haas" als Genussgarant und renommierte Marke in der Region.

Heute betreibt er neben der Bäckerei mit Ladengeschäft in Schotten sowie Verkaufsstellen in Supermärkten vier Cafés in der Region. Das lauschige Vulkan-Café in Schotten gleich neben der Haupt-

Schottentorte

Das Rezept zur Spezialität des Hauses finden Sie auf Seite 136

filiale, das Altstadt-Café am Laubacher Marktplatz und das Café Knusperhaus in Gedern haben ihre Heimat in hübschen Fachwerkhäuschen gefunden und bieten ein kuscheliges Wohlfühlambiente. Neuester Coup: das Café Baumhaus direkt am Hoherodskopf, gleich neben dem Infozentrum. Mit seiner lichtdurchfluteten und zeitgemäßen Einrichtung, den typischen Basaltsteinen des Vulkans und moderner Kunst an den Wänden ist das Café auch ein Spiegel für die Entwicklung der Region, die sich modern und den Trends der Zeit folgend ihren Gästen präsentiert.

Die Verkaufsläden sind an 365 Tagen im Jahr geöffnet; 90 Angestellte sorgen dafür, dass die Vogelsberger von morgens früh bis zum Abend knusprige Brötchen, vielfältige gesunde Brotspezialitäten, köstliche Kuchen, Torten und ein facettenreiches Gebäcksortiment genießen können.

Schotten

Backstraßen und industrielle Fertigung haben bei Zuckerbäcker Haas keine Chance. Alles, was die Bäckerei verlässt, ist handwerklich und nach alter Tradition hergestellt, aus guten, regionalen Zutaten, die ihre Heimat authentisch wiedergeben. „Ich kenne die Herkunft meiner Produkte, weiß, wie sie entstanden sind und wer dafür verantwortlich zeichnet. Nur mit bester Qualität können wir unsere Region adäquat vermarkten", unterstreicht Joachim Haas. So lautet die Devise: regional – biologisch – ökologisch. Schon vor 20 Jahren, als Bio-Produkte noch ein Nischendasein im Reformhaus fristeten, erweiterte eine Produktlinie mit handgefertigten Backwaren aus biologisch-ökologischen Rohstoffen das Sortiment. Seit 2007 tragen die Bio-Backwaren das Bio-Siegel des Landes Hessen. Das dazu verwendete Getreide stammt aus Wetterau und Vogelsberg, wird in hessischen Mühlen vermahlen, das Vollkornmehl mahlt Joachim Haas sogar höchstselbst in seinem Betrieb. Und in den Cafés gibt es Bio-Kaffee: der Vogelsberger Vulkan-Kaffee ist fair gehandelt und wird von einem Aschaffenburger Familienunternehmen geröstet.

Wer sich selbst davon überzeugen möchte, der kann sich zur Backstubenbesichtigung mit Backkurs, vielen Informationen rund ums Backen sowie Kaffee und Kuchen in der Zuckerbäckerei anmelden. Der sympathische und herzliche Vogelsberger ist immer ansprechbar für die Belange seiner Mitarbeiter und lässt ihnen auch gerne Raum für Verantwortung und Eigeninitiative. Diese Betriebsführung beschert Joachim Haas engagierte Mitarbeiter, zufriedene Kunden und immer wieder Auszeichnungen für Produkt- und Servicequalität. Ist er denn stolz auf das, was er für sich, vor allem aber für die Region geschaffen hat? „Ich habe immer versucht, mein Unternehmen von außen zu betrachten und zu reflektieren: Was ist gut, was kann besser werden? Jetzt bin ich am Ende der Expansion angekommen. Im Moment ist alles gut, wie es ist", sagt er lächelnd und hat sicher schon wieder die nächste tolle Idee im Kopf, die den Vogelsberg einmal mehr kulinarisch erfahrbar macht.

Zuckerbäcker Haas
Joachim Haas
Zum Alten Feld 48
63679 Schotten
☎ 0 60 44 / 48 69
📠 0 60 44 / 49 12
www.zuckerbaecker-haas.de

So schmeckt der Vogelsberg ...

Man kann mit gutem Gewissen behaupten, dass der Vogelsberg seinen Platz in der ersten Riege der deutschen Feinschmeckerlandschaften selbstbewusst behauptet.

Ein gutes Beispiel dafür sind die renommierten Vogelsberger Lammwochen, die seit 1997 alljährlich für vier Wochen im Frühjahr veranstaltet werden. Rund zwei Dutzend Gasthäuser und Restaurants widmen sich der Aktion mit Klassikern, alten Familienrezepten und experimentierfreudigen, zeitgemäßen Speisenkreationen, mit edlen Menüs, abwechslungsreichen Themenabenden oder facettenreichen Lammbuffets. Die wichtigste Zutat: köstliches, gesundes Lammfleisch aus dem Vogelsberg. Nicht ohne Grund lautet der Slogan der Initiative: „Mit Genuss die Landschaft pflegen – oder: Wenn Naturschutz durch den Magen geht"! Denn ob Rotes oder Schwarzköpfiges Fleischschaf, Merino oder Rhönschaf – die possierlichen Tiere tragen durch die Beweidung ihren Teil zur schonenden Landschaftspflege bei und stellen gleichzeitig unter Beweis, dass sich auch artgerechte Tierhaltung wirtschaftlich auszahlen kann. Das saftige Gras, üppige Hecken und Büsche sowie würzige Wildkräuter verleihen dem Fleisch einen sehr edlen, feinen Geschmack, der in Massentierhaltung nicht erzielt werden kann.

Das Pendant im Herbst: die Vogelsberger Wildwochen. Genauso wie Lamm ist auch Wildfleisch mager, kalorien- und cholesterinarm. Von Natur aus „Bio-Qualität", wird das zarte Wildbret durch die Kunstfertigkeit Vogelsberger Küchenchefs sowie kreativer Metzger zu besonderen Köstlichkeiten veredelt, von der Wildsalami über würzige Wildschweinbratwurst bis zum Sauerbraten vom Reh.

Eine weitere genussreiche Idee zur Förderung der guten Gaben und Stärkung der Wirtschaftsregion Vogelsberg ist das Label „Vogelsberger Original®", eine sich noch im Aufbau befindliche Initiative des Bundesverbandes mittelständische Wirtschaft e.V. und neun Vogelsberger Unternehmen, darunter eine Brauerei, eine Korn- und Edelobstbrennerei, ein Bio-Bäcker, eine Käserei und ein Landgasthof. Zu ihren Zielen gehören die Entwicklung und Etablierung einer eigenständigen Marke mit klar definierten Qualitätskriterien zur Förderung der Region in touristischer wie wirtschaftlicher Hinsicht. Unter diesem Label werden dann in der Direktvermarktung die unterschiedlichsten Vogelsberger Produkte angeboten, die für ihre Heimat als lebenswerten Lebens-, Natur- und Kulturraum werben ... Einmal mehr getreu dem Motto: „So schmeckt der Vogelsberg"!

Eine Insel der Ruhe: die Wohlfühloase des Vogelsbergs

Kur- und Touristik-Info Bad Salzhausen

Noch gilt Hessens kleinster Kurort als Geheimtipp unter Wellnessfans. Doch das wird sich bestimmt bald ändern. Denn die abgeschiedene Idylle, die wohltuende Stille und das umfangreiche Gesundheitsangebot von Bad Salzhausen gönnen dem gestressten Großstädter eine ganz besondere Atmosphäre der Ruhe und Entspannung.

Und wer mal etwas erleben möchte: Die quirlige Kleinstadt Nidda ist nur wenige Kilometer entfernt und bietet mit ihren von Fachwerk gesäumten Altstadtgassen und zahlreichen Einkaufs- und Gastronomieangeboten genügend Möglichkeiten zum Flanieren.

Der Aufstieg des kleinen Dorfes, dessen Solequellen viele Jahrhunderte lange nur der Salzgewinnung dienten, begann mit der Entdeckung der Heilwirkung durch den bekannten Chemiker Justus von Liebig. Heute kuren hier Patienten mit Atemwegs- und neurologischen Erkrankungen, Herz-Kreislauf-Problemen oder Störungen des Bewegungsapparates; Rekonvaleszente nach orthopädisch-chirurgischen Eingriffen entspannen hier im wohligwarmen Wasser der Justus-von-Liebig-Therme, in der Saunalandschaft oder der faszinierenden Salzgrotte.

Mittelpunkt des Ortes ist der 52 Hektar große denkmalgeschützte Kurpark, der sich in einen oberen und unteren Bereich unterteilt. Hier laden pittoreske historische Gebäude wie die romantische Trinkkurhalle, der klassizistische Kursaal oder das Barockhäuschen zum Besuch. Im unteren Kurpark finden sich vier der sechs Heilquellen, in hübsche Brunnenhäuschen gefasst: Lithium- und Södergrundquelle, Schwefel- und Stahlquelle. Die Nibelungen- und die Roland-Krug-Quelle speisen indes den Gradierbau und das Wasser der Therme. Trotz ihrer räumlichen Nähe zeichnen sich alle Wässer durch unterschiedliche Zusammensetzungen aus und bieten damit die vielfältigsten Heilwirkungen. Nicht ohne Grund meinte schon Justus von Liebig einst: „Man kann über die wirklich merkwürdige Wirkung dieser Sole nicht die mindesten Zweifel hegen ... und man lebt in Salzhausen recht angenehm und wohlfeil." Dem ist auch heute nichts hinzufügen.

Kur- und Touristik-Info Bad Salzhausen
Betriebsleiterin: Petra Schwing-Döring
Quellenstraße 2
63667 Nidda-Bad Salzhausen
☎ 0 60 43 / 96 33-0
📠 0 60 43 / 96 33-50
www.bad-salzhausen.de

Genießen leicht gemacht in Hessens kleinstem Kurbad

Kurhaushotel Bad Salzhausen

Einem fürstlichen Herrensitz gleich erhebt sich das elegante Kurhaushotel von Bad Salzhausen vor dem Auge des Betrachters. Schon zur Zeit seiner Erbauung im 19. Jahrhundert war das stattliche Kurhaus sichtbares Zeichen für die Prosperität, die die wohltuenden Solequellen dem kleinen Dorf bei Nidda bescherte. Heute ist es die Heimat eines anspruchsvollen Drei-Sterne-Superior-Hotels und gesellschaftlicher Mittelpunkt des kleinen Soleheilbades.

Im Inneren zeigt sich das Haus unter der Leitung von Mike Kleinschmidt geschmackvoll und weitläufig gestaltet. Mit seinen sieben lichtdurchfluteten Veranstaltungsräumen mit modernster Technik hat es sich als renommierte Tagungs- und Eventlocation in der Region etabliert. Besonders beliebt ist der schöne Kursaal, der sich direkt zum oberen Kurpark hin öffnet und in dem an jedem zweiten Sonntagnachmittag zum Tanztee geladen wird.

Hier werden auch gerne rauschende Hochzeitsfeste gefeiert, schließlich bietet Bad Salzhausen mit einer Außenstelle des Standesamtes Nidda in der romantischen Trinkkurhalle die perfekte Kulisse für den schönsten Tag im Leben.

Das Genussprogramm des Hauses startet am Morgen mit einem umfangreichen Frühstückbuffet, bietet am Mittag und Abend eine anspruchsvolle À-la-carte-Auswahl im Restaurant Ambiente – hier ist der Name Programm – und in den Sommermonaten mit der Terrassenkarte kleine Snacks, Eis sowie Kaffee und Kuchen aus der hauseigenen Konditorei.

Die launige Speisenauswahl verwöhnt mit so manch raffiniertem Detail, das auch anspruchsvolle Genießer begeistert. So trägt das Karotten-Ingwersüppchen eine Haube aus frittiertem Rucola, die Fusion von Garnele und Zander hüllt sich in einen schwarz-weißen Sesammantel und die Genussehe von Hähnchenbrust und feuriger Chorizo wird begleitet von Ananas-Chili-Sauce und überbackenen Kartoffel-Schmandtalern.

In dieser genussreichen Umgebung mag man gern noch ein paar Tage länger verweilen und die Rückkehr in den Alltag bis auf Weiteres verschieben.

Red Snapper in Parmaschinken unter Frankfurter-Grüne-Soße-Tapenade auf Rote-Bete-Kartoffelpüree

Das Rezept zur Spezialität des Hauses finden Sie auf Seite 136

Kurhaushotel Bad Salzhausen
Hoteldirektor: Mike Kleinschmidt
Kurstraße 2
63667 Nidda-Bad Salzhausen
☎ 0 60 43 / 98 70
📠 0 60 43 / 98 72 50
www.kurhaushotel.eu

Görnerts Restaurant

Vielseitige Genussideen zwischen Tradition und Innovation

Seeteufel mit Basilikumstreusel und Orangen-Gemüse-Couscous

Das Rezept zur Spezialität des Hauses finden Sie auf Seite 137

Nidda, das hübsche Städtchen am gleichnamigen Fluss, ist mit seinen engen Gässchen und dem Fachwerkbild rund um den Markplatz ein typischer Vertreter seiner Vogelsberger Heimat. Und auch die Gastronomielandschaft bietet vor allem traditionsreiche, regionale Spezialitäten.

Gastronom Roland Görnert, der seit vielen Jahren das traditionsreiche Hotel zur Traube am Markt betreibt, ist angetreten, die kulinarische Bandbreite seiner Stadt um eine gehobene, klassische deutsche Küche zu erweitern. „Ich mache immer am liebsten das, was die anderen nicht machen – neue Ideen etablieren", erläutert er sein Konzept, das er mit dem am 3. April 2012 im Bürgerhaus Nidda eröffneten Restaurant, das seinen Namen trägt, vermitteln möchte.

Das Interieur besticht durch eine klare, effektvolle Farbgebung: Möbel, Accessoires und Innenausstattung sind in Rot, Weiß und Schwarz wirkungsvoll aufeinander abgestimmt. Die Terrasse gibt den Blick auf das Blau des angrenzenden Freibads frei und weckt wohlige Urlaubsgefühle.

In der Küche wird der viel beschäftigte Gastronom von einer Riege aus hoch motivierten jungen Köchen unter der Leitung von Maximilian Schultz unterstützt, die ihre eigenen ambitionierten Ideen gerne einbringen dürfen. Das Ergebnis sind aromenfreudige Gerichte, die den Gästen die Wahl lassen zwischen „Tradition" und „Innovation". Die frischen, hochwertigen Grundprodukte werden mal ganz klassisch, mal höchst kreativ interpretiert. Für bodenständige Genießer finden sich Kalbstafelspitz mit Grüner Soße, Schweinemedaillons im Speckmantel oder Zwiebelrostbraten auf der Karte. Wer Lust auf Neues verspürt, wählt aus sinnenreichen Kompositionen wie Kohlrabi-Vanille-Süppchen mit Kokos und Chili, gefüllter Maispoularde mit Tomatenrisotto, Dörraprikosen und Kräuterschaum oder Surf & Turf, bei dem sich das Rumpsteak und die Riesengarnele im Krustentierschaum vereinen.

Dazu gibt die Weinauswahl mit über 50 Positionen sowie einem Dutzend offener Weine einen respektablen Überblick über die alte und neue Weinwelt.

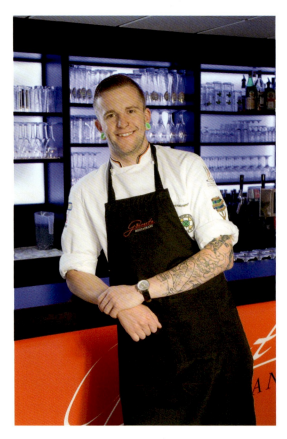

Görnerts Restaurant
Roland Görnert
Hinter dem Brauhaus 15
63667 Nidda
☎ 0 60 43 / 21 76
www.goernerts-restaurant.de

Genussvolle Gastlichkeit mit kreativen Tafelfreuden

Restaurant Baumhaus

Seit September 2008 lenken Tanja und Holger Baum die kulinarischen Geschicke des Restaurants Baumhaus im Ranstädter Bürgerhaus und etablierten es als beliebte Adresse in der Region. Nach renommierten Stationen, unter anderem als Küchenchef im Restaurant des Büdinger Schlosses und bei dem Top-Caterer Käfer, lebt Küchenmeister Holger Baum nun hier seine kreative Kochleidenschaft aus, während Hotelfachfrau Tanja Baum die Gäste kompetent und herzlich umsorgt.

Ihr Motto: „Geht nicht, gibt's nicht. Wir bieten alles: vom Handkäs' bis zum Hummer!" Und so verstehen sie es durchaus als Herausforderung, wenn die Gäste auf der jahreszeitlich ausgerichteten Speisekarte mal nicht das Passende finden und individuelle Wünsche an die Küche richten.

Ob Nudelbuffet, Hähnchenabend, Heringsessen, Steaks oder Pizza satt, Vogelsberger „Beulches-Essen" oder Lakefleischessen mit stimmungsvoller Fackelwanderung – Holger und Tanja Baum lassen sich für ihre Gäste immer wieder etwas einfallen. Das neueste Angebot der beiden Vollblutgastronomen: In Anlehnung an die archäologischen Funde auf dem nahen Glauberg bieten sie für Gruppen ein kulinarisches Keltenfest mit „keltischen" Speisen an, serviert in historischen Gewändern.

Viermal im Jahr verwandelt sich das Baumhaus in eine genussreiche Fantasiewelt voller Überraschungen. Mal verbreitet Pirat Jack Sparrow den „Fluch der Karibik" in Ranstadt, mal schauen gruslige Skelette beim Halloween-Dinner zu, mal zaubert eine funkelnde Kristallnacht unterm Sternenzelt romantische Gefühle. „Baumhaus exclusiv" nennen die Gastgeber diese beliebten Menü-Abende mit einem erlesenen, kreativen Dinner in sechs Gängen, das mit maximal 20 Gästen eine sehr private Atmosphäre ausstrahlt.

Für Festlichkeiten steht ein großer Saal mit Bühne für bis zu 250 Personen zur Verfügung. Und wer andernorts feiert, aber nicht auf die kreative Baumhaus-Küche verzichten will, wählt den Catering-Service des Hauses. Ob Menü oder Buffet, regional-rustikal oder edel-exklusiv – das Baumhaus-Team sorgt stets für ein unvergessliches kulinarisches Erlebnis.

Badischer Wok

Das Rezept zur Spezialität des Hauses finden Sie auf Seite 137

Restaurant Baumhaus
im Bürgerhaus Ranstadt
Tanja & Holger Baum
Oberriedstraße 3
63691 Ranstadt
☎ 0 60 41 / 12 94
www.das-baumhaus-ranstadt.de

Rotbarbe auf Bärlauch-Nudeln mit Brillat-Savarin-Schaum und Bärlauchpesto

🏠 Landgasthaus Waldschenke, S. 110

Zutaten

Nudeln 100 g frischer Bärlauch | 200 ml Mineralwasser | 350 g Mehl (Type 00) | | etwas Hartweizengrieß | 6 Eigelb + 2 Eier | 1 TL Salz
Pesto 100 g Bärlauch | 100 g Blattpetersilie | 100 ml Olivenöl | 30 g Pinienkerne | 30 g Parmesan oder gereifter Bergkäse, frisch gerieben | Meersalz, Pfeffer
Brillat-Savarin-Schaum 2 mittelgroße Zwiebeln | 50 g Sellerie | 1 Nelke | 1 Lorbeerblatt | 1/2 Limette | 200 ml Sahne | 50 g Brillat Savarin (franz. Weichkäse aus Kuhmilch)
Rotbarben 4 Rotbarben, geschuppt und filetiert (Karkassen aufbewahren!) | Mehl | Olivenöl | 1 Knoblauchzehe

Zubereitung

Bärlauch von den Stängeln zupfen, waschen und mit dem Mineralwasser sehr fein pürieren, dann durch ein Küchensieb gießen und abtropfen lassen. Die durchpassierte Flüssigkeit auf circa 70 °C erhitzen, sofort durch ein Tuch gießen und abtropfen lassen. Dann die Bärlauchmasse mit einem Löffel abschaben, mit Mehl, Eigelb, Vollei und Salz zu einem geschmeidigen Teig verkneten. Mit etwas Grieß bestreuen und eine Stunde in Folie gewickelt bei Zimmertemperatur ruhen lassen. Anschließend mit der Nudelmaschine oder per Hand zur gewünschten Nudelsorte formen. Alle Zutaten für das Pesto in einer Küchenmaschine fein pürieren und mit Meersalz und Pfeffer abschmecken.
Für den Schaum Zwiebeln und Sellerie klein schneiden und mit den Fischkarkassen in einen Topf geben und mit 500 ml Wasser auffüllen. Nelke, Lorbeerblatt und Limette dazugeben. Aufkoche, eine halbe Stunde ziehen lassen, dann abpassieren. Bis auf ein Drittel der Flüssigkeit einreduzieren, mit der Sahne auffüllen. Nochmals aufkochen lassen, danach den Brillat Savarin dazugeben und aufmixen. (Beim Anrichten darf die Sauce nicht zu heiß werden [maximal circa 80 °C], sonst fällt der Schaum zusammen.)
Rotbarbenfilets entgräten, leicht melieren und in heißem Olivenöl mit der zerdrückten Knoblauchzehe von jeder Seite ca. 2 Minuten braten.
Mit den Nudeln, Pesto und Brillat-Savarin-Schaum dekorativ anrichten.

Sauerbraten vom Reh in Borettane-Kirschsauce

🏠 Restaurant Taufsteinhütte, S. 112

Zutaten für 6–8 Personen

1,5 kg Rehkeule, ohne Knochen | 50 g Rapsöl | 100 g Borretane-Zwiebeln | 200 ml Balsamico-Essig | 1 l Rotwein (kräftig und trocken)
Sauce 1 Petersilienwurzel (alternativ: 100 g Sellerie) | 1 Karotte | 1 Zwiebel | 50 g Butterschmalz | ca. 10 g Speisestärke (je nach Saucenmenge) | 100 g Schattenmorellen | 3 Gewürznelken | 5 Wacholderbeeren | 1 Lorbeerblatt | 1 Zimtstange | Pimentkörner | Salz | einige kalte Butterstückchen

Zubereitung

Einen großen Bräter erhitzen und die Rehkeule in Rapsöl von allen Seiten scharf anbraten.
Die Borretane-Zwiebeln anbraten und mehrmals mit Wasser ablöschen, bis eine schöne Röstfarbe entstanden ist. Balsamico-Essig, Rotwein und 700 Milliliter Wasser zugeben, die Gewürze hinzufügen und die Keule im auf 180 °C vorgeheizten Ofen auf der mittleren Schiene circa 1,5 Stunden schmoren. Anschließend das Fleisch aus der Sauce nehmen und zugedeckt warm halten. Den Bratenfond durch ein Sieb gießen und zur Seite stellen.
Petersilienwurzel, Karotte und Zwiebel putzen, schälen, in kleine Würfel schneiden und in dem Butterschmalz anbraten.
Den zuvor aufgefangenen Bratenfond zugeben und bei starker Hitze auf 500 Milliliter reduzieren.
Wichtig: Die Sauce erst zum Schluss mit Salz abschmecken, da durch die Reduktion der Geschmack intensiviert wird und eine Überwürzung eintreten könnte.
Speisestärke mit etwas kaltem Wasser anrühren und die Sauce damit binden. Die Schattenmorellen abtropfen lassen und unterrühren.
Den Rehbraten in Scheiben schneiden und mit der Sauce servieren. Dazu passen Rotkohl im Apfel und geschmolzene Kartoffelknödel.

Tipp Zum Abschluss etwas Butter untermontieren, um eine schönere Bindung und ein intensiveres Saucenaroma zu erreichen.

Gefüllte Lammbrust mit Vogelsberger Spitzbuben
🏠 Landgasthof Kupferschmiede S. 116

Zutaten
1 kg Lammbrust ohne Knochen (vom Metzger auslösen lassen) | *5 EL Rapsöl*
Füllung *750 g frischer Blattspinat* | *60 g Butter* | *100 g Schalotten* | *2 Knoblauchzehen* | *3 Scheiben Toastbrot* | *Salz, Pfeffer* | *frischer Thymian und Rosmarin* | *200 g Harzer Käse oder Handkäse*
Spitzbuben *1,5 kg rohe Kartoffeln* | *500 g gekochte Kartoffeln vom Vortag* | *Salz, Pfeffer*

Zubereitung
Blattspinat in heißem Wasser kurz bissfest blanchieren, dann klein schneiden. Schalotten und Knoblauch schälen und klein hacken. Alles zusammen in einer Pfanne in der Butter kurz anschwitzen.
Toastbroat in kleine Würfel schneiden und unter den Spinat heben, die Pfanne dann sofort vom Herd nehmen. Mit Salz, Pfeffer und den Kräutern würzen, den in kleine Würfel geschnittenen Käse unterheben.
Diese Masse auf der ausgerollten Lammbrust verteilen und wieder fest zusammenrollen. Mit Küchengarn zusammenbinden.
In Rapsöl von allen Seiten kross anbraten und dann bei 150 °C im Backofen ohne Deckel für circa 1 Stunde braten, dabei mehrmals wenden.
Für die Spitzbuben die rohen Kartoffeln waschen, schälen und fein reiben. In einen Leinenbeutel geben und fest ausdrücken, sodass das Wasser herausläuft. Die gekochten Kartoffeln pellen und ebenfalls reiben. Mit der rohen Kartoffelmasse mischen und kräftig durchkneten, mit Salz und Pfeffer abschmecken.
Mit feuchten Händen aus der Masse fingerdicke, längliche Spitzbuben formen. Diese dann in reichlich kochendem Salzwasser circa 15 Minuten garen.
Lammschulter aufschneiden und mit den Vogelsberger Spitzbuben anrichten.

Tipp Dazu passt ein Wildkräutersalat mit Essig-Öl-Dressing.

Kotelett „natur" mit Bratkartoffeln und Kräuterbutter
🏠 Landgasthaus Zur Birke S. 118

Zutaten
4 Schweinekoteletts (Stück vom vorderen Schweinerücken, mit Schwarte und Knochen) | *Pflanzenöl* | *Salz* | *Pfeffer, frisch gemahlen* | *Mehl*
Kräuterbutter *100 g Butter* | *frische Kräuter (Petersilie, Schnittlauch, Dill, Kerbel, je nach Saison auch Bärlauch, und alles, was sonst noch in Ihrem Kräutergarten wächst)* | *1 Knoblauchzehe*
Bratkartoffeln *800 g gekochte Kartoffeln (vom Vortag)* | *Pflanzenöl* | *etwas Oregano, Majoran oder Rosmarin*

Zubereitung
Mit einem scharfen Messer die Schwarte am Kotelett in einem Abstand von jeweils 2 Zentimetern einschneiden, dann das Fleisch mit dem Fleischklopfer flach klopfen. Öl in einer Pfanne erhitzen. Koteletts salzen, pfeffern und in Mehl wenden, sodass sie leicht meliert sind, dann im heißen Öl für etwa 6 bis 7 Minuten goldbraun braten.
Für die Kräuterbutter die Butter zimmerwarm cremig schlagen. Kräuter waschen, trocken tupfen und klein schneiden. Knoblauch schälen und durch die Presse drücken, mit etwas Salz und frisch gemahlenem Pfeffer, der geschlagenen Butter sowie den Kräutern gut vermischen. In Klarsichtfolie zu einer festen Rolle wickeln und kalt stellen. Vor dem Servieren in dicke Scheiben schneiden.
Die gekochten Kartoffeln vom Vortag klein würfeln oder in dünne Scheiben schneiden. Ebenfalls in heißem Öl knusprig anbraten (je nach Geschmack mit etwas Oregano, Majoran oder Rosmarin verfeinern). Mit Pfeffer und Salz würzen.
Die Koteletts mit der Kräuterbutter und den Bratkartoffeln anrichten.
Dazu passt marktfrisches Gemüse oder ein frischer grüner Salat mit Essig-Öl-Dressing.

Schottentorte

Zuckerbäcker Haas, S. 120

Zutaten für 1 Torte

Brandteig 125 g Butter | 1/4 TL Salz | 250 g Mehl | 4 Eier
Mürbteig 125 g Butter | 125 g Zucker | 1 kleines Ei | 250 g Mehl
Schottentorte 200 g Schokolade, zartbitter | 250 g Preiselbeeren | 750 g Sahne | 50 g Whisky | 4 Blatt Gelatine | 60 g Zucker | Kakaopulver

Zubereitung

Zunächst einen Brandteig herstellen: Dazu die Butter mit 250 Milliliter Wasser und Salz in einem Topf aufkochen, dann das Mehl einrühren, bis ein Kloßteig entsteht, der sich vom Topfboden löst. Dann den Topf vom Herd nehmen und den Teig auf ca. 50 °C abkühlen lassen. Nun die Eier einrühren und den Teig für 10 Minuten quellen lassen.

Anschließend den Brandteig in zwei Tortenringe füllen und dünn ausstreichen. Bei 230 °C circa 20 bis 25 Minuten unter Dampf ausbacken (dazu etwas Wasser auf ein Backblech mit Rand geben und in den heißen Ofen schieben). Für den Mürbteigboden die Butter mit Zucker und Ei zu einer weichen Masse verrühren und dann mit dem Mehl zu einem Mürbteig verkneten. Diesen für circa 30 Minuten kalt stellen. Dann dünn ausrollen und in den gleichen Tortenring wie beim Brandteig füllen, mit der Gabel regelmäßig einstechen und bei 200 °C goldgelb ausbacken.

Die Schokolade über dem heißen Wasserbad schmelzen. Sobald die Brandteigböden abgekühlt sind, mit Schokolade bestreichen. Nun den erkalteten Mürbteigboden dünn mit etwa 100 Gramm Preiselbeeren bestreichen und einen Brandteigboden darauflegen, dann die restlichen Preiselbeeren auf diesem Boden verteilen.

Das Ganze wieder mit einem Tortenring umstellen. Sahne steif schlagen. Whisky leicht erwärmen. Gelatine kurz in kaltem Wasser einweichen, dann gut ausdrücken und in dem Whisky auflösen, Zucker dazugeben und mit der Sahne vermischen. Dann in den Tortenring einfüllen. Zum Schluss den zweiten Boden in 16 gleiche Teile schneiden und auflegen oben auflegen mit Kakaopulver absieben und noch etwa zwei Stunden durchkühlen lassen!

Red Snapper in Parmaschinken unter Frankfurter-Grüne-Soße-Tapenade auf Rote-Bete-Kartoffelpüree

Kurhaushotel Bad Salzhausen, S. 128

Zutaten für 1 Person

160 g Red Snapper | 2 Scheiben Parmaschinken | Olivenöl zum Anbraten | Meersalz
Frankfurter-Grüne-Soße-Tapenade 2 EL Frankfurter-Grüne-Soße-Kräuter | 1 EL Olivenöl | 1/2 Knoblauchzehe | Semmelbrösel | Salz
Rote-Bete-Kartoffelpüree 1 kleine Rote Bete, gekocht | 2 EL Olivenöl | 1 EL Butter | 3 EL Weißwein | 2 mittelgroße gekochte Kartoffeln | 70 ml Sahne | 40 ml Milch | 1 TL Butter | Salz, weißer Pfeffer | Muskat, frisch gerieben
Garnierung 1 EL Milchschaum | einige Orangen- und Zitronenzesten

Zubereitung

Die Haut des Red Snapper über Kreuz einritzen. Dann den Fisch in den Schinken wickeln, mit Meersalz würzen und in Olivenöl anbraten, bis der Schinken goldgelb und knusprig ist. Zur Herstellung der Frankfurter-Grüne-Soße-Tapenade die Kräuter mit Olivenöl, Knoblauch und etwas Salz fein pürieren. Danach so viel Semmelbrösel hinzufügen, bis die Tapenade nicht mehr so feucht ist. Nun die Hautseite des Red Snapper mit Tapenade belegen und im vorgeheizten Ofen bei 160 °C für 3 bis 4 Minuten gar ziehen lassen.

Inzwischen Sahne, Milch und Butter gemeinsam erhitzen. Die gekochten Kartoffeln durch eine Presse hineindrücken, mit den Gewürzen abschmecken und die in kleine Würfel zerteilte Rote Bete unterziehen.

Nun mithilfe von zwei Esslöffeln Nocken aus dem Püree drehen, mittig auf dem Teller platzieren und den Red Snapper darauflegen. Mit etwas aufgeschäumter Milch sowie einigen Orangen- und Zitronenzesten ausgarnieren.

Seeteufel mit Basilikumstreusel und Orangen-Gemüse-Couscous

Görnerts Restaurant, S. 130

Zutaten

1 kg Seeteufel | etwas Oliven- oder Limonenöl | 200 g Butter | je 1 Zweig Rosmarin u. Thymian
Basilikumstreusel *2 Bund Basilikum | 100 g Butter | 200 g Weizenmehl | Salz*
Couscous *180 ml Orangensaft | 130 g Couscous, mittelgrob | je 1 rote und gelbe Paprika | 1 Zucchini | Salz, Muskatnuss*

Zubereitung

Der Seeteufel wird besonders schonend, und zwar bei Niedertemperatur gegart. Das macht ihn besonders zart und aromatisch. Dazu den Seeteufel putzen und in circa 200 Gramm große Stücke teilen. Dann mit etwas Öl einstreichen und in Frischhaltefolie einschlagen. Vorsichtig in einen Topf mit 60 °C heißem Wasser geben und für 10 Minuten garen.
Dann aus der Folie nehmen und in einer Pfanne in Butter bei schwacher Hitze gemeinsam mit den Kräutern nachbraten.
Basilikum kurz blanchieren und dann in Eiswasser abschrecken. Nun in einem Mixer geben und fein pürieren. Dann mit etwas Salz, Butter und Mehl zu Streuseln verkneten. Diese dann im Ofen bei 180 °C (Umluft 160 °C) für 10 Minuten backen.
Orangensaft zum Kochen bringen und den Couscous hineingeben, aufkochen und quellen lassen, mit Salz und frisch geriebener Muskatnuss abschmecken. Paprika und Zucchini waschen, Paprika von Kernen und weißen Häuten befreien, den Stielansatz der Zucchini entfernen. Dann das Gemüse in feine Würfel schneiden und diese kurz blanchieren. Anschließend unter den Couscous rühren.
Anrichten: Den Seeteufel auf Küchenpapier etwas abtropfen lassen, mit ein wenig Salz würzen und dann mit den Streuseln bestreuen. Gemeinsam mit dem Couscous anrichten.

Badischer Wok

Restaurant Baumhaus, S. 132

Zutaten für 6 Personen

300 g Karottenscheiben | 300 g Brokkoliröschen | 300 g Blumenkohlröschen | 6 Maultaschen (handelsübliche Größe) | 1 mittelgroße Zwiebel | 300 g frische Champignons | 60 ml Öl | 500 g Schupfnudeln | 300 g Spätzle, gekocht | Salz und Pfeffer | Muskat, frisch gerieben | Gemüsebrühe | 1/2 l Sahne

Zubereitung

Die Karotten mit den Brokkoli- und Blumenkohlröschen in leichtem Salzwasser blanchieren. Dabei darauf achten, dass das Gemüse noch genügend Biss hat. Anschließend in Eiswasser abschrecken, damit es nicht noch weitergart.
Die Maultaschen in der Zwischenzeit ebenfalls in Salzwasser garen, abschrecken und in jeweils 3 Scheiben schneiden.
Die Zwiebel schälen und fein würfeln. Die Champignons abtupfen oder vorsichtig waschen und vierteln.
In einer Pfanne Öl erhitzen, dann die Schupfnudeln hinzufügen und knusprig anbraten. Sobald sie eine schöne Farbe genommen haben, Zwiebelwürfel und Champignons hinzugeben. Wenn die Zwiebeln schön glasig sind, das Gemüse, die Spätzle sowie die Maultaschen dazugeben. Nun mit Salz, Pfeffer und Muskat abschmecken, einen Schuss Gemüsebrühe dazugeben und die Sahne vorsichtig einrühren. Einmal aufkochen lassen, dann eventuell nochmals nachwürzen und heiß servieren.

Tipp Dazu passt ein frischer, bunter Blattsalat mit einem kräftigen Balsamico-Dressing!

Archäologischer Park

Keltenfürst

Sprung in die Geschichte: Die Kelten im Vogelsberg

Mitte der 1990er-Jahre kam es im beschaulichen Vogelsberg zu einer Weltsensation. Archäologen legten auf einem Grabungsfeld auf dem Glauberg drei keltische Fürstengräber aus dem 5. Jahrhundert vor Christus und eine imposante Statue eines Keltenfürsten frei, die in ihrer Bedeutung weltweit für Aufsehen sorgten.

Nicht minder spektakulär: der Museumsbau, den man dem Keltenfürsten widmete. Klar, futuristisch, streng in seiner Struktur thront das mit Cortenstahlplatten verkleidete Gebäude auf dem Glauberg. Es nimmt sich zurück, lässt den Kelten ihre Bühne und ist doch beeindruckend wie die Ausstellung selbst. „Wie ein Fernrohr in die Vergangenheit", so die Aussage des Museums, lenkt das 2011 eröffnete Museum den Blick auf den rekonstruierten Grabhügel 1 und beeindruckt die Besucher mit einem weitreichenden Panoramablick durch riesige Glasfronten nicht weniger nachhaltig als der steinerne Keltenfürst.

Im Zentrum der Ausstellung stehen natürlich die Funde der Grabungsstelle, allen voran die berühmte lebensgroße Sandsteinstatue, die hier 2 500 Jahre unentdeckt in der Erde ruhte. Neben den Exponaten entführen multimediale Installationen und eine fiktive Begleitgeschichte im Comicstil zurück in die Lebenswelt der Kelten. Einen weiteren Schwerpunkt setzt die informative Darstellung der unterschiedlichen keltischen Kulturerscheinungen im Wandel der Geschichte. Neben Führungen für verschiedene Zielgruppen öffnet sich das Museum regelmäßig für kulturelle Veranstaltungen und Events wie Keltenfeste, Wildkräuter-Workshops oder Erlebnisnächte am Glauberg.

Um den Museumsbau führt der 30 Hektar große Archäologische Park mit seinem archäologisch-naturkundlichen Lehrpfad durch die Geschichte: vorbei an den Grabhügeln, keltischen Schutzwällen, einer die Gräber flankierenden „Prozessionsstraße", einem einzigartigen Kalenderbauwerk zur astronomischen Bestimmung von Feiertagen bis hin zu den Resten einer mittelalterlichen Reichsburg.

Und auch die Forschungen am Glauberg sind noch lange nicht erschöpfend beendet. Viele Rätsel beschäftigen die Wissenschaftler des Forschungszentrums, das dem Museum angegliedert ist, manche Entdeckung wirft mehr Fragen auf, als sie beantworten kann ... Man darf gespannt sein, welche Schätze und Geheimnisse das Reich des Keltenfürsten noch birgt.

Keltenmuseum

Vielfältige Facetten einer Stadt mit langer Vergangenheit

Vulkanstadt Gedern

Vulkanstadt – Luftkurort – viel besuchtes Ausflugsziel – beliebte Ferienregion. Die schöne Vogelsbergstadt Gedern, Heimat von rund 8 000 Einwohnern, hat wahrlich viel zu bieten: Kultur und Natur, Entspannung und Erholung, fröhliche Feste und viele attraktive Freizeitaktivitäten.

Erster Anziehungspunkt für Besucher ist meist das Wahrzeichen der Stadt: das einst durch die Grafen zu Stolberg errichtete prächtige Schloss, das oben auf seinem Berg über den Dächern Gederns thront. Die Ursprünge gehen auf eine mittelalterliche Burganlage zurück, von der heute noch Teile im sogenannten „Gefängnis" und im Gewölbekeller (heute Kochschule) erkennbar sind. Sein heutiges Aussehen erhielt das Schloss unter der Ägide der Fürsten zu Stolberg-Wernigerode, die es zu ihrer Residenz erkoren, es herrschaftlich ausbauten und den Park im englischen Landschaftsstil anlegen ließen.

Seit 1997 residieren die Stadtverwaltung sowie das Schlosshotel Gedern in den herrschaftlichen Räumen. Im Torbogenhaus haben das Kultur- und Tourismusbüro sowie das Kulturhistorische Museum der Stadt eine Heimat gefunden. Hier erfährt man mehr über die Schloss- und Stadtgeschichte und zur historischen Vogelsbergeisenbahn, im Obergeschoss lohnt das heimelige Märchenzimmer einen Blick.

Wer mehr wissen möchte, kann sich auf Erlebnistour – auf Wunsch auch mit einer netten Einkehr in das Café des Schlosshotels – durch Schloss und Schlossberg begeben und bei einer der stimmungsvollen Themenführungen zurück in die Vergangenheit seiner Bewohner blicken.

In den letzten Jahren hat man auch die historischen Wirtschaftsgebäude des Schlossareals liebevoll restauriert und in die Reihe der Sehenswürdigkeiten auf dem Schlossberg einbezogen. So residiert im ehemaligen Marstall die Gederner Seifensiederei, wo man bei der Seifenherstellung zuschauen und natürlich auch handgeschöpfte, zart duftende Stücke erwerben kann.

In der alten Schmiede berichtet das neu eingerichtete Info-Zentrum unter dem Motto „Rohstoffe, Wirtschaftsgeschichte und historische Verkehrswege im Niddertal" über die Bedeutung alter Handelswege. Einige große Steinexponate klären über die in der Region vorkommenden Gesteinsarten auf und verschiedene Modelle und Mitmachstationen im Inneren erläutern die Eisenerzverarbeitung und die Nutzung der regionalen Rohstoffe. Interessierte können sich (nach Anmeldung) mit einer Draisine auf den Weg machen. Oder sich auf den Eisenpfad begeben – einen 23 Kilometer langen Rundwanderweg, der Gedern mit Hirzenhain im Südwesten verbindet und dabei geologisch interessante Punkte passiert, die vor allem vom Erzabbau in der Region berichten.

Auch die Stadt zu Füßen des Schlosses hat viele reizvolle Punkte zu bieten. Die evangelische Pfarrkirche beispielsweise mit ihrem mächtigen Wehrturm ist, abgesehen von seiner barocken Haube, das älteste Bauwerk Gederns. Der Forelle, dem Wappentier der Stadt, ist der hübsche Forellenbrunnen gewidmet. Er steht vor dem historischen Backhaus, in dem die Landfrauen noch immer Brot und den beliebten Kratzkuchen backen.

Die Menschen der Region schätzen Gedern überdies als lebendige Einkaufsstadt mit vielfältigen Shoppingmöglichkeiten. Und der idyllisch gelegene Gederner See mit seinem Badestrand sowie das landschaftlich reizvolle Seemental sind beliebte Naherholungsgebiete.

Vom Stadtzentrum aus lohnt der Ausflug zur Weidenkirche in Steinberg, die der Naturkünstler Thomas Hofmann 2004 aus Kopfweiden vom Ufer der Nidda zusammengefügt hat, oder zur Erlebnisburg Moritzstein in Wenings mit seinem kleinen Stadtmuseum.

Und nicht zuletzt laden auch die vielen Feste und Märkte in und um Gedern das ganze Jahr über zum Besuch: zum Beispiel die Gederner Kulturtage mit den unterschiedlichsten Open-Air-Events, das Gederner Seefest, der traditionsreiche Ober-Seemer Markt im August und der märchenhafte Nickelches Määrt im und um das Schloss am ersten Adventswochenende.

Vulkanstadt Gedern
Kultur- und Tourismusbüro
Schlossberg 9
63688 Gedern
☎ 0 60 45 / 60 08-25
🖷 0 60 45 / 60 08-75
www.vulkanstadt.de

Von fürstlichen Betten und erlesenen Speisen

SchlossHOTEL Gedern

Stolz erhebt sich das barocke Schloss von Gedern vor dem Auge des Betrachters. Auf einer Anhöhe über der Stadt thronend und umgeben von einem herrlichen Park im englischen Landschaftsstil, strahlt der einstige Herrschaftssitz der Fürsten zu Stolberg-Wernigerode, der sich seit 1987 im Besitz der Stadt Gedern befindet, noch immer viel royale Würde aus.

Seit 2007 begrüßen der Spitzengastronom Hubertus Schultz und seine Ehefrau Ute hier als Schlossherren ihre Gäste. In dieser Zeit hat der ambitionierte Hotelbetriebswirt und Küchenmeister mit seinem anspruchsvollen Küchenstil eine renommierte Genussadresse etabliert, die weit über die Grenzen der Vogelsberg-Gemeinde hinaus einen ausgezeichneten Ruf genießt.

Dabei legt der Eurotoques-Chef besonderen Wert auf heimische Produkte. „Wir bieten eine hessisch-innovative Küche mit internationalen Einflüssen", unterstreicht er seine Philosophie. „Wir haben hier viele ausgezeichnete Produkte, die durchaus für eine anspruchsvolle Küche geeignet sind." Und so

Maracuja-Mousse-Schnitte

Das Rezept zur Spezialität des Hauses finden Sie auf Seite 160

gibt es Geflügel, Milch und Lamm aus der Region um Schotten und Gedern, Gemüse aus der Wetterau, Fisch aus Vogelsberg und Rhön und sogar Edelkrebse aus den Naturseen rund um den Hoherodskopf.

Die Karte präsentiert alle sechs bis acht Wochen eine der jeweiligen Saison gewidmete Auswahl an À-la-carte-Gerichten, zu denen sich drei Menüs gesellen, die mit einer klassischen, einer vegetarischen sowie einer eher experimentell-innovativen Menüfolge aufwarten. Zu den kreativen, fantasievollen Speisenkompositionen zählen beispielsweise das harmonische Duett von Jakobsmuschel und Garnele auf Orangen-Fenchelgemüse, Crepinette vom Lammrücken im Wildkräuter-Topinamburmantel mit einer Kartoffel-Zucchini-Jalousie oder eine Yuzu-Zitronenschnitte mit grünem Tee-Gelee, Nougat-Krokant-Boden, Rhabarberkompott und Roseneis.

Neben dem eleganten Restaurant des Hauses, das sich gleich auf mehrere stimmungsvolle Räumlichkeiten des Schlosses verteilt, stehen für Feierlichkeiten der stolze Wappensaal sowie der lichtdurchflutete Gartensaal mit direktem Zugang zum Schlosspark bereit. Im ehemaligen Gefängnis des Schlosses, dem „Gourmetverlies", können bis zu zehn Genießer ungestört tafeln.

Zur Tea Time lädt das lauschige Café mit Teestübchen, in dem die Hausgäste auch ihr Frühstück einnehmen, zu selbst gebackenen Köstlichkeiten aus der Schloss-Patisserie.

Mit zwölf individuell gestalteten Zimmern verspricht das Hotel unter der Ägide von Hotelfachfrau Ute Schultz viel Ruhe und großen Erholungswert. Liebevolle Details, eine anspruchsvolle

Gedern

Einrichtung, die sich der Vergangenheit des Schlosses harmonisch anpasst, aber auch moderner Komfort machen den Aufenthalt im SchlossHOTEL Gedern zu einem echten Erlebnis. Das Highlight ist unbestritten das historische Fürstenbett, das den Gästen des Fürstenzimmers als prunkvolle Bettstatt dient.

Der Event-Kalender des Hauses bietet das ganze Jahr über ein abwechslungsreiches Programm vom Krimi- und Märchendinner über Oben-Air-Konzerte im Schlosshof und fröhlichen Küchenpartys bis zum Dracula- oder Gangsterdinner. Die Arrangements des Hauses laden ein zur trendigen GPS-Wanderung durch den Vogelsberg, zur Vulkanradtour oder zur Kochschule von Hubertus Schultz im historischen Gewölbekeller. Im „SchultzKochAtelier" wird nicht nur professionell gekocht, es geht auch um den richtigen Umgang mit Produkten, informative Warenkunde, einfache Tipps und Tricks, die große Effekt erzielen, und vor allem den Spaß am Kochen. Hubertus Schultz vermittelt auf höchst unterhaltsame Weise echte „Geschmacks-Erlebnisse", man spürt bei jedem Satz die Faszination für seinen Beruf, die er seinen Kochschülern nur zu gern weitergibt. Kochfans und Neueinsteiger sind gleichermaßen willkommen bei seinen Themenseminaren, die sich um Fisch, Fleisch & Saucen, Asia & Wok, Wild, Barbeques oder Desserts drehen und bei denen „Kochen zur wahren Passion" wird.

SchlossHOTEL Gedern
Ute und Hubertus Schultz
Schlossberg 5
63688 Gedern
☎ 0 60 45 / 96 15-0
📠 0 60 45 / 96 15-48
www.schlosshotel-gedern.de

Feinschmeckerlokal Dachsbau

Erlesen speisen im Herzen der Domstadt

Lachstatar & gebratene Jakobsmuschel zu Sushireis und Schnittlauch-Crème-fraîche

Das Rezept zur Spezialität des Hauses finden Sie auf Seite 160

Die zwei steinernen Dachse in der Pfandhausstraße im Fuldaer Barockviertel weisen mit ihrem Blick den Weg zum Genuss. Der richtet sich nämlich auf die pittoreske Fassade des historischen Restaurants Dachsbau auf der anderen Straßenseite, auf der sich weitere Artgenossen fröhlich tummeln. Und auch im elegant-gemütlichen Inneren lassen sie sich an den Wänden entdecken: Der frühere Besitzer des einstmals ältesten Weinlokals Fuldas, ein renommierter Künstler, karikierte Freunde und Weggefährten als lustige tierische Gesellen, die einen genaueren Blick lohnen.

Seit 1993 lenken Christine und Frank Stubert die kulinarischen Geschicke des Dachsbaus. Die geschichtsträchtige Atmosphäre des 350 Jahre alten Hauses mit seinen romantischen, von Kerzen illuminierten Nischen steht in reizvollem Kontrast zur zeitgemäßen, kreativen Frischeküche der Gastgeberin. Das Prädikat „hausgemacht" ist hier keine Phrase, sondern Verpflichtung. Die passionierte Kochautodidaktin zaubert ein anspruchsvolles Repertoire aus launigen, saisonal ausgerichteten Menüs und À-la-carte-Speisen. Ob Süppchen von fränkischem Silvaner mit Zimtcroûtons, gebratene Wachtelbrust auf Linsen, Kotelett vom Iberico-Schwein mit Gemüseragout und Kartoffelpüree oder kleiner Windbeutel mit Vanilleeis und Karamellsauce – die Speisen bezirzen durch ihre innovative, die genussreichen Regionen dieser Welt stilvoll vereinende Komposition und nicht zuletzt durch eine liebevolle Präsentation.

Als passende Begleitung empfiehlt Restaurantfachmann und Serviermeister Frank Stubert feine Tropfen aus der gut 100 Positionen starken Weinauswahl, dazu kommen etwa 20 offene sowie einige exklusive Schatzkammer-Weine.

Christine und Frank Stubert verstehen es mit ihrem zurückhaltenden, herzlichen Charme, eine gehobene Gastlichkeit mit einer warmen, familiären Atmosphäre zu verbinden. So treffen Genuss und Geselligkeit, Geschichte und Moderne überaus harmonisch aufeinander und vereinen sich zu einer Wohlfühlmelange, die zum Wiederkommen einlädt.

Feinschmeckerlokal Dachsbau
Christine und Frank Stubert
Pfandhausstraße 8
36037 Fulda
☎ 06 61/7 41 12
06 61/7 41 10
www.dachsbau-fulda.de

Aus Verantwortung für die Region

Landgasthaus Jägerhof

Hans Schmidt ist so etwas wie ein wandelndes Geschichtsbuch. Befragt man ihn nach der Historie seines Landgasthauses Jägerhof im Lauterbacher Ortsteil Maar oder nach der Geschichte der Region, so erzählt er so lebendig, anekdotenreich und unterhaltsam, dass man ihm stundenlang zuhören könnte.

Geboren und aufgewachsen in Lauterbach, engagiert sich der umtriebige Gastronom leidenschaftlich für seine Heimat, unter anderem als Initiator zahlreicher Genuss-Kooperationen, die den Tourismus fördern. So rief er beispielsweise vor vielen Jahren die „Vogelsberger Lammwochen" ins Leben, die inzwischen zu einem echten Höhepunkt im kulinarischen Kalender der Region geworden sind und Besucher aus weitem Umkreis anlocken. „Wir unterstützen mit unserem gastronomischen Angebot unsere Region, unsere Erzeuger und vor allem eine nachhaltige, sinnvolle Landwirtschaft. Denn wir stehen in der klaren Verantwortung für unsere Umwelt und kommende Generationen", unterstreicht Hans Schmidt seine Philosophie, die bei ihm nicht in leeren Worten endet, sondern in vielerlei Hinsicht in die Tat umgesetzt wird.

Der Eurotoques-Chef ist Mitglied bei Slow Food und Hessen à la carte, allesamt Initiativen, die sich für den Erhalt und den Fortbestand einer regional und saisonal verankerten Qualitätsküche starkmachen. In der Konsequenz kauft er in der Hauptsache Schweine- und Rindfleisch von Vogelsberger Bauern, Lamm von hiesigen Schäfern, Kaninchen eines

Vogelsberger Deckelchen

Vogelsberger Beutelches mit weißer Specksauce

Die Rezepte zu den Spezialitäten des Hauses finden Sie auf Seite 161

Maarer Züchters, Gemüse, Salat und Kartoffeln aus Wetterau und Vogelsberg. Wurst, Schinken und Pasteten liefert die hauseigene Metzgerei und selbst das Getränkeangebot führt viele heimische Namen auf.

Zu den erklärten Spezialitäten des Hauses gehören – natürlich – Lammgerichte, die hier das ganze Jahr über in vielerlei Variationen auf die Karte kommen, Rindfleisch vom Buchenholzgrill oder Vogelsberger Traditionsgerichte wie Beutelches und Deckelchen.

Bereits seit 1832 ist der Jägerhof, der einmal den Riedesel Freiherren zu Eisenbach gehörte, eine gastronomische Institution in der Region. Unter der Ägide von Hans Schmidt, mit 22 Jahren einstmals Deutschlands jüngster Küchen- und Metzgermeister, avancierte er zu einem modernen, zeitgemäßen Gastronomiebetrieb, der die Tradition wahrt und zugleich mit der Zeit geht. Der schöne Landgasthof beheimatet das anspruchsvolle Restaurant Jägerstube mit seiner frischen Landküche sowie ein Wohlfühl-Landhotel für Kurzurlauber, Geschäftsleute und Seminargäste. Auf dem großzügigen Anwesen verbirgt sich außerdem noch das hübsche Bauernhaus mit weiteren Zimmern ... und mit bedeutender geschichtlicher Vergangenheit. Kein Geringerer als General Tilly, eine der prägenden Gestalten des Dreißigjährigen Krieges, nächtigte hier, als er mit seinen Truppen durch den Vogelsberg zog.

1996 erwarb Hans Schmidt den benachbarten Pferdestall des Riedesel'schen Hofgutes aus dem 16. Jahrhundert und baute ihn zu einem wunderschönen romantischen Restaurant mit einem sehenswerten Kreuzgewölbe aus: den Eulenfang. Er dient als einzigartige Event-Location für Festlichkeiten und geschlossene Gesellschaften sowie als Schauplatz des großen Backoffenbuffets rund um den großen Steinbackofen. An jedem Donnerstag von Mai bis November lädt das Jägerhof-Team hier zu knusprigem Urstoff-Schinkenbraten, Hühnchen aus dem Ofen, gefülltem Bierbauch, Spareribs oder Leberkäse. Gleich nebenan öffnet in den Sommermonaten auch der lauschige Biergarten von Donnerstag bis Sonntag seine Pforten. Abwechslungsreiche Arrangements kombinieren die Übernachtung in den gemütlichen Landhauszimmern mit kulinarischen und kulturellen Höhepunkten. Ob Vogelsberger Schlachtfest, sportliches Aktivprogramm oder Wildkräuterwanderung, Whiskytasting oder Outdoor-Wilderlebnis mit einer zünftigen Fahrt im Oldtimerbus und einem Wildbiwak in Mutter Natur – Spaß und Genuss gehen hier immer eine wahrhaft gelungene Liaison ein. „Bei uns lässt sich das Landleben vielfältig erfahren und genießen", sagt Hans Schmidt zum Abschied. Na dann … nichts wie hin!

Landgasthaus Jägerhof
Hans Schmidt
Hauptstraße 9
36341 Lauterbach-Maar
☎ 0 66 41 / 9 65 60
📠 0 66 41 / 6 21 32
www.jaegerhof-maar.de

Metzgerei Wilhelm Becker
Willkommen im Vogelsberger Schlemmerland

Kartoffelwurst mit Dämpfkraut und Bratkartoffeln

Das Rezept zur Spezialität des Hauses finden Sie auf Seite 162

Betritt man das Ladengeschäft der Metzgerei Wilhelm Becker in Romrod, werden die Sinne sogleich gefangen genommen. Das Auge kann sich kaum sattsehen an all den geräucherten und luftgetrockneten Würsten und Schinken, die von der Decke baumeln, und die Nase labt sich genüsslich am zarten Buchenraucharoma.

Hausmacher Cervelat- und würzige Kartoffelwurst, Schwartenmagen, Leber- und Blutwurst, Schinken, Pfefferbeißer, kurze Hucki und dünne Stracke, dazu edle Spezialitäten von Hirsch und Wildschwein ... „Wir verführen unsere Kunden jeden Tag aufs Neue", meint Wilhelm Becker lächelnd und hängt gleich noch ein paar Schinken in seinen wunderbaren „Wursthimmel", der das Genießerherz höher schlagen lässt.

Seit über 100 Jahren steht der Name Wilhelm Becker in Romrod für Qualität von höchster Güte und köstliche hessische Spezialitäten, die schon der Zar von Russland sowie Prinz Philip von England einst bei ihren Besuchen in Romrod zu schätzen wussten.

Tradition wird in der Familie, in der der erstgeborene Sohn stets Wilhelm heißt, großgeschrieben. Dies gilt für die regional verwurzelte Produktvielfalt ebenso wie für die handwerklich hochwertige Verarbeitung der über Generationen weitergegebenen Rezepturen. Das ist auch für Metzgermeister Wilhelm Becker junior, der das Unternehmen mit Ehefrau Manuela seit 2010 führt, eine Verpflichtung. „Wir stehen mit unserem Namen für Qualität ein, und da überlassen wir nichts dem Zufall", betont er mit Nachdruck.

Die Säulen seiner Qualitätsphilosophie sind eine hohe Produktgüte bei kundenfreundlichem Preis-Leistungs-Verhältnis, die Verarbeitung von Tieren ausschließlich aus der nahen Region sowie ein nachhaltiger Service-Gedanke.

Als Fachgeschäft bieten die Beckers ihren Kunden einen wichtigen Mehrwert, den sie an der anonymen Selbstbedienungstheke des Supermarkts nicht finden. Dazu gehören eine kompetente Beratung sowie Tipps zu Garzeiten und verschiedenen Zubereitungsarten. Außerdem ist die Metzgerei auf Wochenmärkten in der Umgebung vertreten und bietet mit dem Online-Shop auch den Versand vieler Hausmacher Spezialitäten an.

Metzgerei Wilhelm Becker
Familie Wilhelm Becker
Alsfelder Straße 8
36329 Romrod
☎ 0 66 36 / 2 25
📠 0 66 36 / 85 20
www.becker-romrod.de

Hessens genussvoller Mittelpunkt ...

Landhotel Gärtner

Gastfreundschaft in Reinkultur – im Landhotel Gärtner wird sie authentisch gelebt. Christine und Bernd Gärtner prägen mit ihrer Persönlichkeit die familiäre Atmosphäre des Hauses, sind für ihre Gäste immer präsent und verkörpern mit Leib und Seele ihre Vorstellung von einem inhabergeführten Landhotel.

„Hier kocht der Chef noch selbst", betont Bernd Gärtner, der nach seinen Lehr- und Wanderjahren in der Spitzengastronomie des In- und Auslandes nun im eigenen Haus eine anspruchsvolle Vogelsberger Landküche präsentiert, die sich den guten Gaben der Region vielfältig annimmt. Für seine einfallsreichen Wildgerichte ist das Haus seit Langem bekannt, der Küchenmeister weiß aus Reh, Hirsch und Co. immer wieder neue köstliche Variationen zuzubereiten. Zartes Rehgulasch mit hausgemachten Klößen etwa oder eine herzhafte Wildschweinbratwurst mit hausgemachtem Rösti, serviert in der zünftigen Gusspfanne. Auch der Vogelsberger Lammbraten in Alsfelder Schwarzbiersauce verlockt die Sinne. Und wenn das Ganze dann noch als Menü mit Frühlingssalat, Bärlauch-Schaumsüppchen und parfümierten Erdbeeren mit Sabayon vom Kultapfel zum Dessert daherkommt, ist das Genießerglück perfekt.

Steht der Hausherr nicht in seiner Küche, ist er am liebsten mit dem Motorrad unterwegs. Und dafür ist Flensungen genau der richtige Ort, der Mücker Ortsteil ist nämlich der geografische Mittelpunkt Hessens und liegt direkt an der Bundesstraße 276 – *der* Motorradstrecke im Vogelsberg!

Der passionierte Biker und Vorsitzende des Vereins „MotorradTouristik Vogelsberg" engagiert sich ambitioniert dafür, die Region als attraktiven Biker-Hotspot bekannt zu machen. Für gleichgesinnte Gäste bietet er interessante Touren in die Umgebung an, die er entweder selbst begleitet oder als navigationsgesteuerte Tour gestaltet.

Und am Abend kehrt man dann nach einer erlebnisreichen Ausflugtour in die „kulinarische Basisstation" zurück, genießt Speis und Trank im schönen Restaurant oder auf der idyllisch gelegenen Gartenterrasse und bettet sein Haupt in den behaglichen, hübsch eingerichteten Zimmern des Landhotels zur Nacht.

Vogelsberger Handkäse-Variation

Das Rezept zur Spezialität des Hauses finden Sie auf Seite 162

Landhotel Gärtner
Christine und Bernd Gärtner
Bahnhofstraße 116
35325 Mücke-Flensungen
☎ 0 64 00 / 95 99-0
📠 0 64 00 / 95 99-1 42
www.landhotel-gaertner.de

Hotel Herbstein
Mediterrane Küche auf Vogelsberger Höhen

Rumpsteak mit Grilltomate
Das Rezept zur Spezialität des Hauses finden Sie auf Seite 163

Das kleine Heilbad Herbstein mit Hessens höchster Heilquelle ist an einem wirklich schönen Plätzchen im Vogelsberg zu Hause. Hoch oben, auf einem der zahlreichen Vulkankegel des Mittelgebirges gelegen, hat Herbstein mit engen Gässchen, den Resten einer mittelalterlichen Stadtbefestigung, seinem prachtvollen Rathaus und der 600 Jahre alten katholischen Pfarrkirche Sankt Jakobus viele reizvolle Ansichten zu bieten, die zu entdecken sich wahrlich lohnt.

Unweit des Kurparks lädt das Hotel Herbstein zum Besuch. Als Gastgeber Remzi Esmer 2009 das frühere Landhotel Weismüller übernahm, hat er sich für ein italienisch ausgerichtetes Speisenangebot entschieden, nicht zuletzt auch deshalb, weil Ehefrau Katrin im 17 Kilometer entfernten Ulrichstein bereits erfolgreich das Ristorante Ätna führte. Und so serviert Remzi Esmer, dessen Bruder Zülfükar in der Küche für das leibliche Wohl zuständig ist, seinen Gästen mediterrane Salate, Pasta und Pizza, italienische Klassiker wie Saltimbocca alla Romana oder Scalopina in Weißweinsauce sowie Köstlichkeiten aus dem Meer, vom Zanderfilet in Mandelbutter bis zu gegrillten Scampi mit Knoblauchsauce.

Im großzügigen Restaurant setzen mediterrane Apricottöne und warmes Holz harmonische Akzente. Im Sommer zieht es die Gäste hinaus auf die sonnenverwöhnte Terrasse, an die sich der Hotelgarten anschließt.

Für Gäste, die gerne länger in Herbstein verweilen möchten, stehen 19 Doppel- und drei Einzelzimmer sowie zwei Suiten, allesamt mit Balkon und herrlichem Panoramablick ausgestattet, zur Verfügung. Remzi Esmer hat für seine Gäste einige Urlaubsarrangements zusammengestellt, die zum Beispiel den freien Eintritt in die VulkanTherme mit einer wohltuenden Massage im hauseigenen Wellness-Bereich, der auch mit Sauna und Dampfsauna aufwarten kann, kombinieren.

Für Feierlichkeiten stehen drei Bankettträume zur Auswahl, die mit moderner Tagungstechnik ausgestattet sind und somit auch für Seminare genutzt werden, sowie die zünftige Vulkanbar, in der man den Tag gemütlich ausklingen lassen kann.

Hotel Herbstein
Remzi Esmer
Blücherstraße 4
36358 Herbstein
☎ 0 66 43 / 79 89-60
📠 0 66 43 / 79 89-6 36
www.hotel-herbstein.de

Maracuja-Mousse-Schnitte
SchlossHOTEL Gedern, S. 144

Zutaten für 1 flaches Kuchenblech (30 x 30 cm)
Boden *Butter für das Blech | 8 Eiweiß | 60 g Zucker | 110 g Mandelmehl | 110 g Puderzucker | 25 g Mehl*
Maracuja-Mousse *450 g Maracuja-Fruchtpüree oder 450 ml Maracujasaft | 6 Blatt Gelatine | 2–3 EL Zucker | 300 ml Sahne*

Zubereitung
Zunächst den Ofen auf 180 °C vorheizen. Dann ein Kuchenblech mit Backpapier auslegen oder mit etwas Butter einfetten. Für den Boden der Maracuja-Mousse-Schnitte die Eiweiße in eine Schüssel geben, den Zucker einrieseln lassen und dann so lange schlagen, bis ein locker-luftiger Eischnee, die sogenannte Meringuée, entsteht. Dann das Mandelmehl, den Puderzucker und das Mehl durchsieben und vorsichtig nach und nach unterheben. Diese Masse dann auf das mit Butter bestrichene oder mit Backpapier ausgelegte Backblech streichen und mit einem Spachtel glätten, damit eine gleichmäßige Oberfläche entsteht. Bei 180 °C für etwa 15 bis 20 Minuten backen. Dann den Boden abkühlen lassen und Ringe (Ø 7 bis 9 cm groß) ausstechen.
Für die Maracuja-Mousse das Fruchtpüree bzw. den Fruchtsaft mit Zucker abschmecken. Gelatine in kaltem Wasser einweichen. Dann gut ausdrücken und in einem Topf leicht erwärmen, bis sie sich aufgelöst hat. Nun das Fruchtpüree in die Gelatine mischen (nicht umgekehrt – weil sonst die Gelatine sofort stocken würde und Gelatinestücke ein unangenehmes Mundgefühl hervorrufen können!). Die Sahne steif schlagen und sehr vorsichtig unter die Fruchtmischung unterheben. Mithilfe von Förmchen über den Teigboden gießen und dann für mindestens 2 Stunden kalt stellen. Mit frischen Früchten ausgarnieren.

Lachstatar & gebratene Jakobsmuschel zu Sushireis und Schnittlauch-Crème-fraîche
Feinschmeckerrestaurant Dachsbau, S. 148

Zutaten
Lachstatar *400 g Lachsfilet | Salz, Pfeffer aus der Mühle | Saft 1/2 Zitrone | ca. 3 EL Olivenöl | 4 EL Sojasauce | 2 EL Zitronensaft*
Sushireis *80 g Sushireis | 1/2 EL Sushiessig | Salz*
Schnittlauch-Crème-fraîche *150 g Crème fraîche | Salz, Pfeffer aus der Mühle | Saft von 1/2 Zitrone | 1/2 Bund Schnittlauch*
Jakobsmuschel *4 Jakobsmuscheln | Salz, Pfeffer aus der Mühle | 1 EL Olivenöl*

Zubereitung
Für das Lachstatar den Lachs kalt abwaschen, trocken tupfen und die graue Haut mit einem scharfen Messer gänzlich entfernen. Das Filet dann in sehr kleine Würfel schneiden, in eine Schüssel geben, mit Salz, Pfeffer, Zitronensaft und Olivenöl marinieren, kalt stellen.
Sushireis in kaltem Wasser cirka 30 Minuten einweichen. Dann Wasser abgießen und den Reis mit 160 Milliliter Wasser langsam zum Kochen bringen. Wenn der Reis weich ist, vom Herd nehmen und noch 5 Minuten ziehen lassen. Den Essig kurz erwärmen und eine Prise Salz darin auflösen. Dann unter den Reis ziehen.
Währenddessen die Crème fraîche mit Salz, Pfeffer und Zitronensaft abschmecken. Schnittlauch in feine Ringe schneiden und unterrühren.
Die Jakobsmuscheln salzen und pfeffern und für etwa 3 Minuten in einer Pfanne in heißem Olivenöl braten.
Die Lachswürfel vor dem Anrichten kurz mit Sojasauce und Zitronensaft marinieren. Dann in 4 kleine Formringe geben, leicht andrücken und Ringe dann abziehen. Mit Sushireis, Jakobsmuschel und der Crème fraîche dekorativ anrichten.

Vogelsberger Deckelchen
Landgasthaus Jägerhof, S. 150

Zutaten für 2–4 Personen
400 g Deckelchen (vom Metzger vorbereitet und entsehnt) | *Salz, Pfeffer*

Zubereitung
Das Deckelchen von allen Seiten mit Salz und Pfeffer würzen, etwas 2 bis 3 Minuten von jeder Seite grillen. Dann warm stellen. Zum Servieren das Vogelsberger Deckelchen nach kurzer Ruhezeit in 1 bis 2 Zentimeter dicke Scheiben schneiden.
Dazu passt alles, was der saisonale Warenkorb gerade hergibt: Spargel oder frische Pfifferlinge, knusprige Bratkartoffeln mit Speck und Zwiebeln oder auch Vogelsberger Spitzbuben (Rezept siehe Seite 135).

Tipp Das Vogelsberger Deckelchen ist eine regionale Rindfleischspezialität. Es befindet sich auf dem letzten Teil des Roastbeefs zum Hochrücken hin. Der sogenannte Hochrippendeckel liegt flach auf den letzten 25 bis 30 Zentimetern des Roastbeefs auf und wird meist beim Ausbeinen vom Metzger entfernt, gelangt also gar nicht erst bis in die Fleischtheke. Außerdem hat das Deckelchen dünne Sehnen, die pariert (also entfernt) werden müssen. Scheut man diesen Aufwand nicht, ist das Ergebnis ein sehr schön marmoriertes, sehr zartes, filetähnliches Stück Fleisch mit tollem Aroma und Geschmack. Es sollte rosa bis englisch gebraten werden.

Vogelsberger Beutelches mit weißer Specksauce
Landgasthaus Jägerhof, S. 150

Zutaten
Beutelches *2,5 kg Kartoffeln* | *200 g Bauchspeck* | *Öl* | *400 g Lauch* | *100 g gepökelte Schweineschulter* | *1–2 Knoblauchzehen* | *Salz, Pfeffer, Muskat*
Specksauce *150 g Zwiebeln* | *150 g geräucherter Bauchspeck* | *1 EL Öl* | *etwas Mehl* | *200 ml Milch* | *300 ml Sahne* | *2 Stangen Lauch* | *Salz, Pfeffer aus der Mühle*

Zubereitung
Für die Beutelches die rohen Kartoffeln schälen und fein reiben. Den Bauchspeck in kleine Würfel schneiden und in etwas Öl anschwitzen. Den Lauch in nicht zu feine Ringe schneiden und zu dem Bauchspeck geben, alles gut mischen und gemeinsam durchschwitzen lassen. Die gepökelte Schweineschulter in kleine Würfel zerteilen und dazugeben. Nun diese Mischung mit der Kartoffelmasse gut vermengen. Knoblauch schälen und in feine Scheiben schneiden und mit etwas Salz bestreuen, dann mit einem breiten Messer zerdrücken. Zu der Masse geben, mit Salz, Pfeffer und Muskat abschmecken und dann in Leinensäckchen (Ø 6 bis 8 Zentimeter) oder ersatzweise in Kunststoffdärme (gibt's beim Metzger) füllen und gut zubinden. In siedendem Wasser etwa 1,5 Stunden ziehen lassen, dann aus dem heißen „Beutelchen" drücken, das dem Gericht seinen Namen gab.
Für die Specksauce Zwiebeln und Bauchspeck würfeln und in Öl anbraten. Mit etwas Mehl abstäuben und dann mit kalter Milch und Sahne auffüllen (dann gibt's keine Klümpchen) und gut durchrühren.
Den Lauch putzen und in feine Streifen schneiden und 5 Minuten mitköcheln lassen. Mit Salz und Pfeffer würzen, aber nicht mehr kochen lassen (sonst gerinnt die Sauce). Über die Beutelches geben und servieren.

Tipp Wer möchte, kann auch noch eine dunkle Bratensauce dazu reichen, das sieht dann auf dem Teller besonders hübsch aus.

Kartoffelwurst mit Dämpfkraut und Bratkartoffeln
Metzgerei Wilhelm Becker, S. 154

Zutaten
Kartoffelwurst 4 Kartoffelwürste à ca. 200 g, frisch, ungeräuchert (natürlich am besten aus der Metzgerei Wilhelm Becker) | 3 EL Schweineschmalz | **Dämpfkraut** 1 kleiner Weißkohl | 1 mittelgroße Zwiebel | 1 säuerlicher Apfel | 2 EL Schweineschmalz | 1 EL Zucker | Salz, Pfeffer | 1/8 l klare Rinderbrühe | 1 EL Apfelessig
Bratkartoffeln 1 kg festkochende Pellkartoffeln vom Vortag | 2 EL Butterschmalz | 100 g Dörrfleischwürfel | 1 mittelgroße Zwiebel | Salz, Pfeffer | 1/2 Bund Petersilie

Zubereitung
Für das Dämpfkraut den Weißkohl zerteilen, putzen und in nicht zu feine Streifen hobeln. Zwiebel und Apfel in feine Würfel schneiden. In einem Topf Schweineschmalz zergehen lassen, den Zucker darin leicht karamellisieren lassen, Zwiebel- und Apfelwürfel hinzufügen, kurz anschwitzen, dann das Weißkraut dazugeben. Mit Salz und Pfeffer würzen und mit der Hälfte der Brühe aufgießen. Deckel auf den Topf legen und zugedeckt für circa 45 bis 60 Minuten schmoren lassen, ab und zu umrühren. Eventuell zwischendurch etwas Brühe zugießen. Zum Schluss mit dem Apfelessig und gegebenenfalls mit Salz und Pfeffer abschmecken.
In der Zwischenzeit Kartoffeln pellen und in Scheiben schneiden.
Das Schmalz in eine heiße Gusspfanne geben, zergehen lassen, die Kartoffelscheiben hinzufügen und bei mittlerer Hitze goldbraun und knusprig braten. Zwiebel in kleine Würfel schneiden und 5 Minuten vor Ende der Bratzeit mit den Dörrfleischwürfelchen zu den Bratkartoffeln geben. Abschließend salzen und pfeffern und mit gehackter Petersilie bestreuen.
Eine weitere Pfanne erhitzen, Schmalz zugeben und die Kartoffelwürste darin bei kleiner Hitze langsam braten. Zwischendurch mehrmals vorsichtig wenden. Vor dem Servieren auf einem Küchenkrepp abtropfen lassen, dann gemeinsam mit dem Dämpfkraut und den Bratkartoffeln anrichten.

Vogelsberger Handkäse-Variation
Landhotel Gärtner, S. 156

Zutaten für 1 Person
Handkäse-Suppe 1 TL Butterschmalz | 1 Knoblauchzehe | 1 EL Zwiebelwürfel | 1 Schuss Apfelwein | 30 g Handkäse | 100 ml Sahne | Muskat, Pfeffer, Salz | frische Kräuter
Handkäse-Frischkäserösti 50 g reifer Handkäse | 100 g Frischkäse | 20 g Zwiebel | 20 g Butterschmalz | 100 g kalte Pellkartoffeln | je 30 g blanchierte Sellerie-, Karotten-, und Lauchstreifen | 20 g frische Champignons | grober schwarzer Pfeffer | Salz | einige Cocktailtomaten | 1 Staudensellerie | frische Kräuter

Zubereitung
Eine Kasserolle mit Butterschmalz und der aufgeschnittenen Knoblauchzehe einreiben. Die Zwiebelwürfel in der Kasserolle glasieren. Mit dem Apfelwein ablöschen. Handkäse in Würfel zerteilen, in die Kasserolle geben und schmelzen lassen. Die Sahne zufügen, einmal aufwallen lassen und mit Muskat und Pfeffer, eventuell auch mit Salz, abschmecken.
In einem Teller servieren und mit frischen, klein gehackten Kräutern bestreuen.

Für das Rösti Hand- und Frischkäse mit dem Stabmixer gut vermischen. Zwiebel in feine Würfel schneiden. Butterschmalz in einer gusseisernen Pfanne erhitzen. Zwiebel darin glasieren. Kartoffeln grob raspeln, mit Gemüsestreifen und in Scheiben geschnittenen Champignons mischen, pfeffern und salzen, dann in die heiße Pfanne geben und goldbraun backen. Sobald sich das Rösti gut vom Boden lösen lässt, wenden und die andere Seite ebenfalls goldbraun braten. Handkäse-Frischkäse-Creme daraufgeben und im Backofen bei circa 210 °C überbacken, bis die Käsehaube leicht angebräunt und gut geschmolzen ist. Mit frischen Cocktailtomaten und Staudensellerie oder Gartenkräutern ausgarnieren und sofort servieren.

Rumpsteak mit Grilltomate
🏠 Hotel Herbstein, S. 158

Zutaten
Rumpsteaks 4 Rumpsteaks à circa 250 g | 3 EL Pflanzenöl oder Butterschmalz | Salz, Pfeffer | 2 Tomaten

Grüne Pfeffersauce 4 TL grüner Pfeffer | 1 Zwiebel | 1 EL Butter | 2 cl Cognac | 200 ml Sahne | 1 TL Senf | 1 TL Tomatensauce | 2 EL gehackte Petersilie | kalte Butterflöckchen zum Abbinden

Gorgonzolasauce 200 ml Sahne | 250 g Gorgonzola | 1/2 Bund Petersilie | Muskatnuss

Zubereitung
Die Rumpsteaks waschen und trocken tupfen, falls ein Fettrand vorhanden ist, diesen im Abstand von 1 bis 2 Zentimetern einritzen. In einer Pfanne in heißem Öl oder Butterschmalz jede Seite für etwa 2 bis 3 Minuten scharf anbraten, sodass das Fleisch Farbe bekommt. Dann mit Salz und Pfeffer würzen, herausnehmen und (im warmen Ofen oder in Alufolie) für einige Minuten ruhen lassen.

Die Tomaten halbieren und für einige Minuten im auf 200 °C vorgeheizten Backofen auf der obersten Schiene grillen.

Die Steaks mit den Grilltomaten sowie mit knusprigen Bratkartoffeln, Pommes frites oder Kroketten servieren.

Alternativ können Sie auch diese Saucen dazu reichen:

Für die Pfeffersauce die Zwiebel fein hacken und mit dem grünen Pfeffer in der Butter andünsten. Wenn die Zwiebelwürfel glasig sind, den Cognac angießen und das Ganze flambieren (also vorsichtig mit einem Feuerzeug anzünden), nach ein paar Sekunden mit der Sahne ablöschen. Dann den Senf und die Tomatensauce dazugeben und auf kleiner Flamme köcheln lassen. Mit kalten Butterflöckchen abbinden und die gehackte Petersilie zugeben.

Als zweite Variante eignet sich auch eine würzige Gorgonzolasauce. Dazu die Sahne erhitzen und den Gorgonzola einrühren, zum Kochen bringen und so lange rühren, bis die Sauce sämig und der Käse gänzlich aufgelöst ist.

Die Petersilie klein hacken und in die Sauce geben. Mit frisch geriebener Muskatnuss abschmecken.

Fiskgryta (Fischtopf)
🏠 Restaurant Edlunds, S. 94

Zutaten
500 g frische Miesmuscheln | 1 Möhre | 1 Stange Lauch | 50 g Sellerie | 1 Chilischote | 2 Knoblauchzehen | 75 g Butter | 2 Anis, ganz | 350 ml Weißwein | 400 ml Sahne | Salz | Pfeffer | 500 g Fischfilet (z. B. Lachs, Kabeljau) | 300 g Brokkoli | 250 g geschälte, entdarmte Riesengarnelen | 100 g Zuckerschoten | 2 EL gehackter frischer Dill

Zubereitung
Miesmuscheln waschen. Anschließend Möhre, Lauch und Sellerie in 1/2 Zentimeter große Würfel schneiden, Chilischote von den Kernen befreien, sehr fein schneiden und Knoblauchzehen fein hacken.

Einen mittelgroßen Topf erhitzen, das gewürfelte Gemüse, Chili und Knoblauch in Butter anbraten und kurz danach die Muscheln und den Anis dazugeben und kurz mitbraten. Mit dem Wein ablöschen und 10 Minuten kochen lassen. Miesmuscheln rausnehmen. Sahne dazugeben und noch ein paar Minuten kochen lassen. Mit Salz und Pfeffer abschmecken. Fischfilet in kleine Stücke schneiden und Brokkoli in kleine Röschen teilen. Mit den Garnelen in den Topf geben und 3 bis 5 Minuten mitköcheln lassen. Zum Schluss Muscheln, in feine Streifen geschnittene Zuckerschoten und frischen Dill dazugeben und mit Salzkartoffeln servieren.

Låt det smaka!

Adressverzeichnis

B

Kur- und Touristik-Info 126
Bad Salzhausen
Betriebsleiterin:
Petra Schwing-Döring
Quellenstraße 2
63667 Nidda-Bad Salzhausen
☎ 0 60 43 / 96 33-0
📠 0 60 43 / 96 33-50
info@bad-salzhausen.de
www.bad-salzhausen.de

Kurhaushotel Bad Salzhausen 128
Hoteldirektor: Mike Kleinschmidt
Kurstraße 2
63667 Nidda-Bad Salzhausen
☎ 0 60 43 / 98 70
📠 0 60 43 / 98 72 50
info@kurhaushotel.eu
www.kurhaushotel.eu

Gaststätte & Gästehaus Balzer 98
„bei Mando"
Carmen und Jürgen Schwartz
Schröcker Straße 49
35043 Marburg-Schröck
Telefon 0 64 24 / 92 63-0
Telefax 0 64 24 / 92 63-50
info@gaststaette-balzer.de
www.gaststaette-balzer.de

Restaurant & Hotel 90
Bartmann's Haus
Ralf und Fiona Dörr
Hotel-Leitung:
Bärbel Deborré-Schech
Untertor 1 + 3
35683 Dillenburg
☎ 0 27 71 / 78 51
Hotel: 0 27 71 / 2 65 61-0
📠 0 27 71 / 2 10 28
Hotel: 0 27 71 / 2 65 61-2 00
info@bartmannshaus.de
info@hotelbartmannshaus.de
www.bartmannshaus.de

Restaurant Baumhaus 132
im Bürgerhaus Ranstadt
Tanja & Holger Baum
Oberriedstraße 3
63691 Ranstadt
☎ 0 60 41 / 12 94
info-baumhaus@gmx.de
www.das-baumhaus-ranstadt.de

Restaurant Belli's Bootshaus 80
Oliver Belli
Inselstraße 10
35576 Wetzlar
Telefon 0 64 41 / 9 52 72 15
mail@bellisbootshaus.de
www.bellisbootshaus.de

Restaurant Bürgelstollen 22
Regine & Bernhard Bunne
Bürgelstollen 1
61476 Kronberg
Telefon 0 61 73 / 96 36 20
Telefax 0 61 73 / 96 36 79
info@buergelstollen.de
www.buergelstollen.de

C

Restaurant Chin-Thai 68
An Dong
Robert-Bosch-Straße 19
35440 Linden
Telefon 0 64 03 / 7 74 88 82
Telefax 0 64 03 / 7 74 88 79
kontakt@chin-thai.com
www.chin-thai.com
Weitere Filiale:
Hanauer Straße 15
61169 Friedberg
Telefon 0 60 31 / 77 27 38
Telefax 0 60 31 / 77 27 58

Clubhaus 19 86
Gastronomie Golf-Club
Schloss Braunfels
Küchenchef: David Winkler
Homburger Hof 1
35619 Braunfels
Telefon 0 64 42 / 96 22 90
Telefax 0 64 42 / 9 32 03 34
info@clubhaus19.de
www.clubhaus19.de

D

Feinschmeckerlokal Dachsbau 148
Christine und Frank Stubert
Pfandhausstraße 8
36037 Fulda
Telefon 06 61 / 7 41 12
Telefax 06 61 / 7 41 10
dachsbau-stubert-fulda@t-online.de
www.dachsbau-fulda.de

E

Restaurant Edlunds 94
Edlunds schwedische Küche
Thomas Edlund
Markt 15
35037 Marburg
Telefon 0 64 21 / 1 66 93 18
www.edlunds.de

Landgasthof Eschbacher Katz 34
Manfred Anzer
Michelbacher Straße 2
61250 Usingen-Eschbach
Telefon 0 60 81 / 29 68
Telefax 0 60 81 / 6 77 16
info@eschbacher-katz.de
www.eschbacherkatz.de

G

Landhotel Gärtner 156
Christine und Bernd Gärtner
Bahnhofstraße 116
35325 Mücke-Flensungen
Telefon 0 64 00 / 95 99-0
Telefax 0 64 00 / 95 99-1 42
info@landhotel-gaertner.de
www.landhotel-gaertner.de

SchlossHOTEL Gedern 144
Ute und Hubertus Schultz
Schlossberg 5
63688 Gedern
Telefon 0 60 45 / 96 15-0
Telefax 0 60 45 / 96 15-48
info@schlosshotel-gedern.de
www.schlosshotel-gedern.de

Vulkanstadt Gedern 140
Kultur- und Tourismusbüro
Schlossberg 9
63688 Gedern
Telefon 0 60 45 / 60 08-25
Telefax 0 60 45 / 60 08-75
touristinfo@gedern.de
www.gedern.de

Görnerts Restaurant 130
Roland Görnert
Hinter dem Brauhaus 15
63667 Nidda
Telefon 0 60 43 / 21 76
info@goernerts-restaurant.de
www.goernerts-restaurant.de

H

Käserei Heinrich Birkenstock GmbH 78
Klaus Birkenstock
Werrastraße 6
35625 Hüttenberg
Telefon 0 64 03 / 7 88 00
Telefax 0 64 03 / 78 80 19
info@kaeserei-birkenstock.de
www.kaeserei-birkenstock.de

Heller Pralinen OHG 24
Christian Ruzicka
Altenhöfer Weg 8
61440 Oberursel
Telefon 0 61 71 / 26 82 26
Telefax 0 61 71 / 2 20 28
info@heller-pralinen.com
www.heller-pralinen.com

Hotel Herbstein 158
Remzi Esmer
Blücherstraße 4
36358 Herbstein
Telefon 0 66 43 / 79 89-60
Telefax 0 66 43 / 79 89-6 36
info@hotel-herbstein.de
www.hotel-herbstein.de

hot and cold – finest catering 46
David Tzschirner
Burgstraße 9
61231 Bad Nauheim
Telefon 0 60 32 / 8 69 39 90
Telefax 0 60 32 / 8 69 39 73
info@hot-cold.net
www.hot-cold.net

J

Landgasthaus Jägerhof 150
Hans Schmidt
Hauptstraße 9
36341 Lauterbach-Maar
Telefon 0 66 41 / 9 65 60
Telefax 0 66 41 / 6 21 32
info@jaegerhof-maar.de
www.jaegerhof-maar.de

K

Restaurant Kleines Häusers 100
Falk Großer
Leihgesterner Weg 25
35392 Gießen
Telefon 06 41 / 9 84 37 88
Telefax 06 41 / 9 84 37 89
info@kleines-haeusers.de
www.kleines-haeusers.de

Schlosshotel Kronberg 18
Hotel-Direktor: Franz Zimmermann
Hainstraße 25
61476 Kronberg
Telefon 0 61 73 / 7 01-01
Telefax 0 61 73 / 7 01-2 67
info@schlosshotel-kronberg.de
www.schlosshotel-kronberg.de

Hofgut Kronenhof 28
Bad Homburger Brauhaus „Graf Zeppelin"
Zeppelinstraße 10
61352 Bad Homburg
Telefon 0 61 72 / 28 86 62
Telefax 0 61 72 / 28 86 60
info@hofgut-kronenhof.de
www.hofgut-kronenhof.de

Landgasthof Kupferschmiede 116
Gudrun Straub
Mühlstraße 10
63679 Schotten
Telefon 0 60 44 / 98 00 00
Telefax 0 60 44 / 9 80 00 50
info@landgasthof-kupferschmiede.de
www.landgasthof-kupferschmiede.de

L

Hotel Lahnschleife GmbH 88
Hoteldirektor: Thomas Schmitt
Hainallee 2
35781 Weilburg
Telefon 0 64 71 / 49 21-0
Telefax 0 64 71 / 49 21-7 77
info@hotel-lahnschleife.de
www.hotel-lahnschleife.de

Restaurant Landhaus Knusperhäuschen 62
Familie Harry Schmidt
Lange Straße 45
63674 Altenstadt-Oberau
Telefon 0 60 47 / 77 97
Telefax 0 60 47 / 98 66 62
schlemmen@landhausknusperhaeuschen.de
www.landhausknusperhaeuschen.de

Landsteiner Mühle 32
Michael Stöckl
Landstein 1
61276 Weilrod
Telefon 0 60 83 / 3 46
Telefax 0 60 83 / 2 84 15
mehlbox@landsteiner-muehle.de
www.landsteiner-muehle.de

M

Metzgerei Michel-Weitzel GmbH 48
Familien Weitzel & Kryts
Im Steckgarten 1
61231 Bad Nauheim
Telefon 0 60 32 / 8 24 32
Telefax 0 60 32 / 8 76 27
catering@michel-weitzel-partyservice.de
www.michel-weitzel-partyservice.de

O

Confiserie Odenkirchen 44
Edgar Odenkirchen
Parkstraße 2
61231 Bad Nauheim
Telefon 0 60 32 / 27 29
info@confiserie-odenkirchen.de
www.confiserie-odenkirchen.de

R

Landgasthof Rote Mühle 16
Margarita Krummel
Rote Mühle 1
65812 Bad Soden
Telefon 0 61 74 / 37 93
info@landgasthofrotemuehle.de
www.landgasthofrotemuehle.de

S

Schelmenhäuser Hofgut 52
Andreas Damm
Schelmenhäuserhof 1
60388 Frankfurt am Main
Telefon 0 61 09 / 2 10 41
Telefax 0 61 09 / 37 68 03
info@schelmenhaeuserhof.de
www.schelmenhaeuserhof.de

Restaurant Schnittlik 58
Susanne und Karel Novak
Platz der Republik 2
61137 Schöneck-Kilianstädten
Telefon 0 61 87 / 88 01
Telefax 0 61 87 / 88 01

T

Restaurant Taufsteinhütte 112
Jürgen Carnier und
Christina Däsch-Carnier
Am Hoherodskopf 2
63679 Schotten
Telefon 0 60 44 / 23 81
Telefax 0 60 44 / 40 59
info@taufsteinhuette.de
www.taufsteinhuette.de

Das Tortenatelier 26
Sabine Hörndler
Audenstraße 1
61348 Bad Homburg
Telefon 0 61 72 / 1 23 64 04
info@das-tortenatelier.de
www.das-tortenatelier.de

V

Konditorei & 96
Terrassencafé Vetter
Axel Vetter
Reitgasse 4
35037 Marburg
Telefon 0 64 21 / 2 58 88
Telefax 0 64 21 / 17 67 52
info@cafe-vetter-marburg.de
www.cafe-vetter-marburg.de

Vinexus Deutschland GmbH 66
Geschäftsführer: Dieter Stoll
Perchstetten 5
35428 Langgöns
Bestell-Hotline
08 00 / 57 07 00 81 60
vi.de@vinexus.eu
www.vinexus.de
www.das-wein-outlet.de

Konditorei Vogel 82
Andreas Vogel
Fürst-Ferdinand-Straße 1
35619 Braunfels
Telefon 0 64 42 / 42 56
Telefax 0 64 42 / 65 88
info@konditorei-vogel.de
www.konditorei-vogel.de

W

Landgasthaus Waldschenke 110
Axel Horn
Tunnelstraße 42
35321 Laubach-Freiensen
Telefon 0 64 05 / 61 10
Telefax 0 64 05 / 50 01 55
info@landgasthaus-waldschenke.de
www.landgasthaus-waldschenke.de

Konditorei Weege 30
am Europakreisel
Christoph Björn Weege
Am Hohlebrunnen 1
61352 Bad Homburg
Telefon 0 61 72 / 45 60 58
service@konditorei-weege.de
www.konditorei-weege.de

Weidmann & Groh 50
Edelobstbrennerei
Reiner Weidmann & Norman Groh
Ober-Wöllstädterstraße 3
61169 Friedberg
Telefon 0 60 31 / 1 30 60
Telefax 0 60 31 / 77 03 96
mail@brennerei-ockstadt.de
www.brennerei-ockstadt.de

Wetterauer Obstbrennerei 54
Bernd Geckeler
Dorfelder Straße 55
61184 Karben
Telefon 0 60 39 / 93 04 20
Telefax 0 60 39 / 93 04 21
info@wetterauer-obstbrennerei.de
www.wetterauer-obstbrennerei.de

Metzgerei Wilhelm Becker 154
Familie Wilhelm Becker
Alsfelder Straße 8
36329 Romrod
Telefon 0 66 36 / 2 25
Telefax 0 66 36 / 85 20
info@becker-romrod.de
www.becker-romrod.de

Z

Restaurant Zafferano 56
Antonino Vruna & Ulrike Becker
Alte Dorfstraße 11
61137 Schöneck-Oberdorfelden
Telefon 0 61 87 / 99 00 34
Telefax 0 61 87 / 95 88 24
zafferano@t-online.de
www.restaurant-zafferano.de

Café Zeitlos 114
Carmen Bauer
Kirchstraße 5
63679 Schotten
Telefon 0 60 44 / 96 63 50

Zuckerbäcker Haas 120
Joachim Haas
Zum Alten Feld 48
63679 Schotten
Telefon 0 60 44 / 48 69
Telefax 0 60 44 / 49 12
info@vulkanbaecker-haas.de
www.zuckerbaecker-haas.de

Restaurant Zum Heiligen Stein 64
Geschäftsführer: Boris Sauerborn
Kirchberg 1 a
35423 Lich-Muschenheim
Telefon 0 64 04 / 6 68 09 08
Telefax 0 64 04 / 6 68 06 04
info@zum-heiligen-stein.de
www.zum-heiligen-stein.de

Landgasthaus Zur Birke 118
Familie Winter
Niddergrund 7
63679 Schotten-Burkhards
Telefon 0 60 45 / 45 37
Telefax 0 60 45 / 46 18
info@zur-birke.com
www.zur-birke.com

Gasthaus Zur Krone 60
Reiner Erdt
Langstraße 7
63549 Ronneburg-Hüttengesäß
Telefon 0 61 84 / 30 30
Telefax 0 61 84 / 6 26 75
info@hessenkrone.de
www.hessenkrone.de

Rezeptverzeichnis

B
Badischer Wok	137
Bayrisch-Creme-Torte mit Himbeeren	37

F
Fiskgryta	163

G
Gefüllte Lammbrust mit Vogelsberger Spitzbuben	135

H
Handkäse-Salat	38
Hirsch-Entrecotes mit Markkruste	73
Hutzel-Reh mit Kartoffelroulade	39

I
Inlagd sill	104

J
Jakobsmuscheln mit Essig-Feldfrüchten	70

K
Kalbsbäckchen in Hagebuttensauce	103
Kaninchenrücken mit Kürbis-Rosmarinrisotto	39
Kartoffelwurst mit Dämpfkraut	162
Kotelett „natur" mit Kräuterbutter	135

L
Lachstatar & Jakobsmuschel zu Sushi-Reis	160
Lammkeule mit Semmelknödel	72

M
Mando-Krestje	105
Maracuja-Mousse-Schnitte	160

P
Partyschinken & Krautsalat	71
Passionsfrucht-Törtchen	37

R
Red Snapper auf Rote-Bete-Kartoffelpüree	136
Rosentrüffel	70
Rotbarbe auf Bärlauch-Nudeln	134
Rumpsteak mit Grilltomate	163

S
Sauerbraten vom Reh in Borettane-Kirschsauce	134
Schokoladen-Dôme	73
Schokoladentarte	38
Schottentorte	136
Schweinebauch & Felsenoktopus auf Erbsenpüree	103
Seeteufel mit Orangen-Gemüse-Couscous	137
Skreifilet im Kateifiteigmantel	72
Spinat-Semmelknödel auf Pilzragout	71

T
Tafelspitz mit Frankfurter Grüner Soße	36
Tatar vom Taunushirsch mit Schwarzwurzelcreme	36
Thunfisch mit Gemüse und Kartoffeln	102
Torte im Glas	104

V
Variation vom hessischen Weiderind	105
Vogelsberger Beutelches	161
Vogelsberger Deckelchen	161
Vogelsberger Handkäse-Variation	162

Z
Zimt-Mohn-Parfait	102

Impressum

© 2012 Neuer Umschau Buchverlag GmbH, Neustadt an der Weinstraße

Alle Rechte der Verbreitung in deutscher Sprache, auch durch Film, Funk, Fernsehen, fotomechanische Wiedergabe, Tonträger jeder Art, auszugsweisen Nachdruck oder Einspeicherung und Rückgewinnung in Datenverarbeitungsanlagen aller Art, sind vorbehalten.

Texte
Silke Martin, Kriftel

Fotografie
Ernst Wrba, Wiesbaden
www.reise-fotografie.com

Recherche
John Forgo, Butzbach
Katrin Bieniecki, Butzbach

Lektorat, Herstellung, Gestaltung und Satz
komplus GmbH, Heidelberg
www.komplus.de

Reproduktionen
Blaschke Vision, Peter Blaschke, Freigericht

Karte
Thorsten Trantow, Herbolzheim
www.trantow-atelier.de

Druck und Verarbeitung
NINO Druck GmbH, Neustadt an der Weinstraße
www.ninodruck.de

Printed in Germany
ISBN: 978-3-86528-538-6

Die Ratschläge in diesem Buch sind von den Autoren und dem Verlag sorgfältig erwogen und geprüft, dennoch kann eine Garantie nicht übernommen werden. Eine Haftung der Autoren und des Verlages für Personen-, Sach- und Vermögensschäden ist ausgeschlossen.

Besuchen Sie uns im Internet
www.umschau-buchverlag.de

Titelfotografie
Ernst Wrba, Wiesbaden

Wir bedanken uns für die freundlicherweise zur Verfügung gestellten Fotos bei:
Heller Pralinen OHG, Fotograf: Christoph Kappus (S. 24 oben links und S. 36 links); Konditorei Vogel, Fam. Vogel, privat (S. 84 unten links und rechts); Restaurant zum Heiligen Stein, Fotograf: Boris Sauerborn (S. 124); Landgasthaus Zur Birke (S. 118 unten links); ©Keltenwelt Glauberg, Fotograf: V. Rupp (S. 138 oben links); ©Keltenwelt Glauberg, Fotograf: P. Odvody (S. 138 oben rechts); Landgasthaus Jägerhof, Kooperation Hessen à la carte, Fotografin: Diana Djeddi (S. 151 oben rechts und S. 160 links)

Silke Martin   Ernst Wrba